JN135751

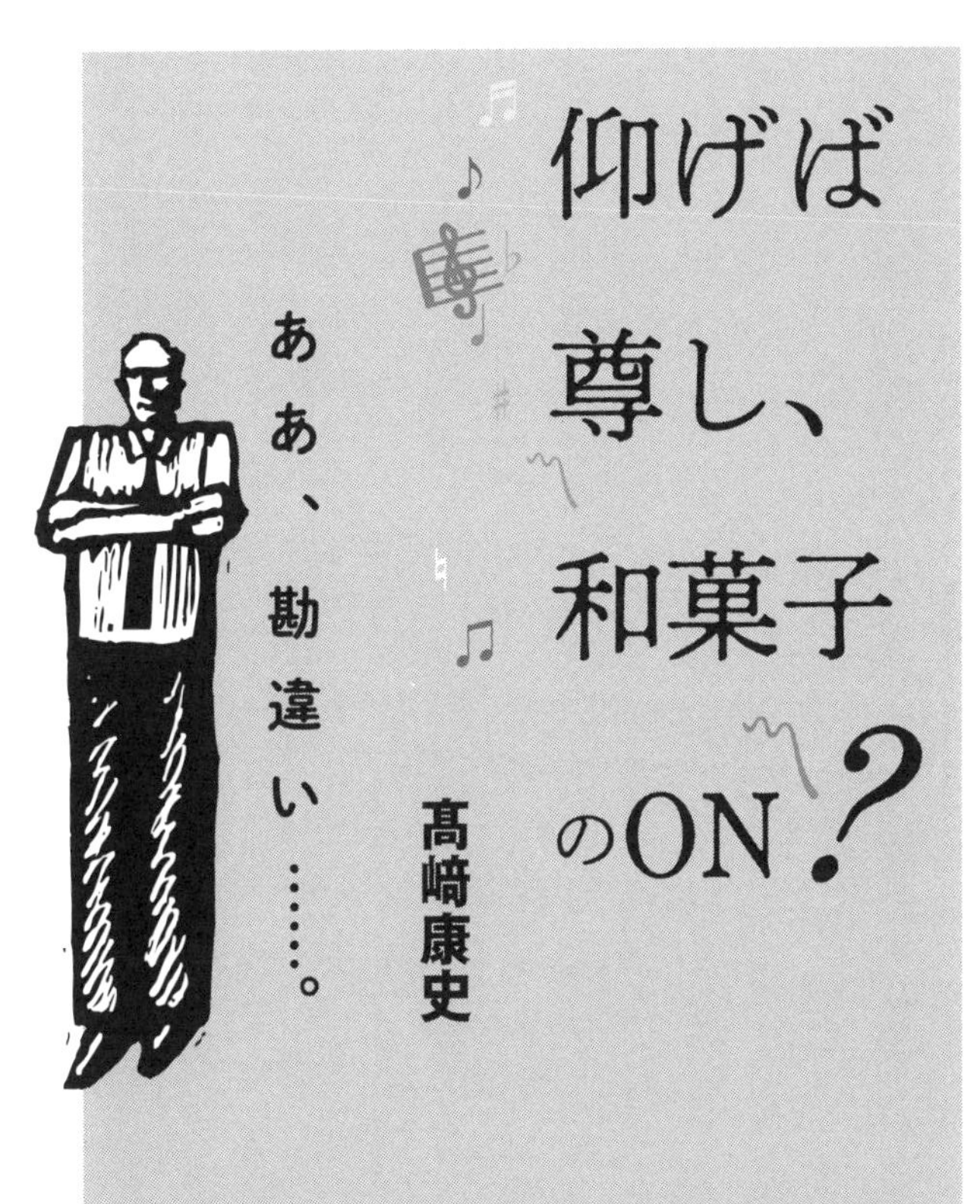
仰げば尊し、和菓子のON？
ああ、勘違い……。
髙﨑康史
KKベストブック

はじめに

小学校に入学してから中学校卒業までの間、国語・算数・理科・社会・英語の主要教科を中心に、ずいぶんと多くのことを習います。中学までは義務教育の中ですから、大して難しいレベルではない基本的な内容ですが、それでも教科書に書かれ、授業で習った内容には、「分かっているつもりが、実はよく分かっていない」ものがあります。それは、次のような理由によるものと考えられます。

①本人が勘違いして覚えてしまった。あるいは勝手に想像して思い込んでしまった。
例：黒船の航路、諺(ことわざ)「灯台もと暗し」の意味
②教科書や授業などで教える側が間違っていた。または正確でなかった。
例：漢字の書き順、オゾン、太陽の南中時刻
③学習する中で使われる用語などの正確な意味が分からないまま放置してしまった。
例：単位の呼称、フォークダンスの「マイムマイム」、色の名前
④学校の制度や学習上の決まり事などに潜む「疑問」を認識しなかった。
例：「早生まれ」の定義、音階・音名、マイナスの掛け算

学校のお勉強といえば、テスト問題の「カッコ内を埋めるための用語」や「計算のための公式」を覚えるという、いわゆる「丸覚え」が多かったように思います。理解を進めるために、どの教科でも多かれ少なかれ丸覚えは必要です。しかし、その結果、「どうして〜なのか？」という思考が薄れていたようです。学校時代は、これらを理解していなくても試験で正解さえ書ければ問題ないので、あまり意識もされません。

ところが、大人になって本を読んだりしていると、今まで気づかなかった「疑問の存在」を発見することがあります。「ああ、そうだったのか」と思いつつ、それまで自分が「疑問」に思わなかったことに、軽い驚きも感じます。

本書は、このようにして発見した「疑問」とその「答え」を書き集めたものです。むかし学童・生徒だった「好奇心ある大人」の知識の整理に役立てていただければ幸甚です。

本書は、2010（平成22）年7月から2013（平成25）年8月までの3年余にわたり、千葉県の朝日新聞の販売会社モーニングハウス（ASA中山、ASA中山北部）が発行するミニコミ紙「モーニングハウスなかやま」に連載していた「仰げば尊し　和菓子のON！」（連載時のペンネーム：大賀経佐（おおがつねすけ））に加筆・再編集したものです。地域情報などを記載している同ミニコミ紙は、毎月1回発行され、多くの読者に愛読されています。

はじめに

本文中に私の友人たちが何回も登場します。本書は、「多くの人が、分かっているつもりでも、実はよく分かっていない」事項をテーマとしていますが、そのテーマ選択にあたって、ほとんどの人が「よく分かっていない」ことを確認する必要がありました。このため、友人たちに当該事項（疑問）を質問し、大多数の友人が正しく答えられなかった事項をテーマにしました。つまり私は、友人たちをモルモット代わりに使ったわけです。

これについて、友人たちの名誉のために言いますと、ここに登場する友人たち（モルモットくんたち）は、いつも正解を言えずにいるので、基礎学力が備わっていないのではないか？　と疑われるかもしれませんが、そんなことはありません。皆、一般的な水準を大きく超えた知識・教養の持ち主で、全員が東京大学を含む国立大学か難関私立大学を卒業した人たちです。学部は工学部をはじめとする理系、法学部や経済学部、文学部などの文系と教育学部で、専門分野のバランスもとれており、モルモットとして相応しいものでした。そのように優秀な彼らでさえ、本書に出てくる「知識の落とし穴」には陥りやすいのです。

この場を借りて、モルモット役をやってくれた敬愛する友人たちに感謝します。

髙﨑康史

目次

第1講　入学式「4月1日の早生まれ」

毎年、桜の花が咲きほこる中、学校では入学式が行われます。新学期も始まります。入学式では校長先生がマイクの前でお話をします。小学校の入学式の会場には「前年の4月2日から本年の4月1日の間に満6歳の誕生日を迎えた」可愛い新1年生たちが並んでいます。新1年生たちは着席していますが、ほとんどの子はモジモジして校長先生のお話なんか聞いていません。昔から、校長先生のお話は退屈なものと相場が決まっています。

それにしても、新学期はなぜ4月から始まるのでしょう? また、小学校に入学するのは、原則として「前年の4月2日から今年の4月1日まで」に満6歳の誕生日を迎えた子供が対象ですが、なぜ、年度の最終日である「3月31日」ではなく、「4月1日」までの誕生日となっているのでしょう?

これには四つの法律が関係しています。

まず、「学年」については、「学校教育法施行規則」という法律の第59条に「小学校の学年は、四月一日に始まり、翌年三月三十一日に終わる」と書かれていて、この条項は中学校や高等学校などについても準用されています（同法第79条、第１０４条）。

学年の期間が４～３月となっているのは、国や公共団体からの給付や補助金の関係で、財政会計年度と同じ期間であることが、何かと便利であるためです。

もっとも、最初から４月が新学期の始まりだったのではありません。明治時代になって学校制度が確立していきますが、当初は欧米の多くの国と同じように、大学などは９月を学年の初めとしていました。小学校の多くは１月から新学期だったようです。

その後、１８８６（明治19）年に高等師範学校（後の東京教育大学、現・筑波大学）が、続いて１８９２（明治25）年に小学校が４～３月の学年期間を取り入れるようになっていきます。東京帝国大学（現在の東京大学）では、大正10年頃まで９～８月の期間を一学年としていました。現在、東京大学が９月入学制度の導入を検討していますが、昔の姿に戻ろうとしているわけです。

これらの学年期間の変更は、国の会計年度が定まったことによるものでした。会計年度が４月１日から始まるようになったのは明治19年以降。当時の軍事大国であり経済大国でもあったイギリスの制度を取り入れたことによるもので、イギリスの会計年度は現在でも４月１日～３月31日となっています。

なお、主要国の中で４月１日～３月31日を会計年度としているのは、日本とイギリス、カナダ、デンマークなどです。そういえば、自動車が道路の左側を通行することになっているのも、日本とイギリスとは同じですね。イギリス連邦の国々（カナダを除く）やイギリスの旧植民地の多くも、自動車は左側通行となっています。

ちなみに、ほかの国の会計年度は、アメリカが10～9月、フランスやドイツなどの欧州の国々は1～12月。中国や韓国も1～12月です。また、南半球のオーストラリアやニュージーランドは7～6月となっています（表1）。

表1　主要国の年度が始まる月
（国によって一部例外がある）

国名	会計	学年
日本	4月	4月
中国	1月	9月
韓国	1月	3月
シンガポール	4月	1月
イギリス	4月	9月
フランス	1月	9月
ドイツ	1月	9月
ロシア	1月	9月
アメリカ	10月	9月
カナダ	4月	9月
オーストラリア	7月	1～2月頃
ニュージーランド	7月	1～2月頃

次に「就学」することについて、「学校教育法」の第17条第1項で以下のように定めています。

「保護者は、子の満6歳に達し

た日の翌日以後における最初の学年の初めから、満12歳に達した日の属する学年の終わりまで、これを小学校に就学させる義務を負う」（一部略）

やや分かりにくい法律文なので解説します。

前述したように、学校教育法施行規則で「小学校の学年は、４月１日に始まる」と決めていますから、この法律に書かれている「学年の初め」の日というのは、４月１日のことです。その学年の初めの日、つまり４月１日が「満６歳に達した日の翌日以後」となるには、「満６歳に達した日」が３月31日までであればよいわけですから、要するにこの法律は「保護者は、子供が３月31日までに満６歳になっていたら、その年の４月に入学させなさい」と、言っているわけです。私たちの一般的な感覚と差異はありません。

では、「子の満６歳に達した日」とは、いつのことであるのでしょうか。これについては、「年齢計算ニ関スル法律」という１９０２（明治35）年に施行された大変古い法律があり、こう書かれています。

1．年齢ハ出生ノ日ヨリ之ヲ起算ス

2. 民法第百四十三条〔暦による計算〕ノ規定ハ年齢ノ計算ニ之ヲ準用ス
3. 明治六年第三十六号布告ハ之ヲ廃止ス

まず、第1項は「年齢の計算は生まれた日を1日目としてカウントしなさい」といっています。この場合、生まれた時刻は関係ありません。
次に、第2項は「民法の第143条の規定を当てはめて用いる」と述べています。第3項は、この話に直接関係ないので省きます。

それで、この第2項が指し示す「民法の第143条」では、何がどのように定められているのでしょうか？ これには以下のように書いてあります。

民法 第143条（暦による期間の計算）
1. 週、月又は年によって期間を定めたときは、その期間は、暦に従って計算する。
2. 週、月又は年の初めから期間を起算しないときは、その期間は、最後の週、月又は年においてその起算日に応当する日の前日に満了する。ただし、月又は年によって期間を定めた場合において、最後の月に応当する日がないときは、その月の末日に満了する。

第1項の「暦に従って計算する」というのは、例えば月数によって期間を定めた場合には、大の月（31日まで）や小の月（30日や28日まで）があっても、日数に関係なく月単位でカウントしなさいということです。1年の場合でも通常年と閏年の違いがありますが、これも同様で、同じ1年間として計算します。

第2項では、「週、月又は年の初めから期間を起算しないとき」つまり週や月、年の初めから対象となる計算期間を始めることにしていない場合は、「その起算日に応当する日の前日」に当該期間は満了すると定めています。

この第1項と第2項によって、例えば「起算日9月20日から3か月後の期間満了日」というのは、9月20日の3か月後の応当日は12月20日で、その前日ですから12月19日ということになります。

民法の条文にまで遡って少々回り道をしましたが、「年齢計算ニ関スル法律」の第2項は、以上のようなことを述べているのです。

前述したように、「年齢計算ニ関スル法律」第1項で、「年齢の計算は生まれた日（つまり誕生日）を第1日目としてカウントする」としています。

ということは、4月1日に生まれた子供の年齢は、4月1日を起算日として、次の年の応当日である翌年4月1日の前日の3月31日が終了した時点に一つ増えるということになります。

そして「3月31日が終了した時点」というのは、31日の24時00分です。4月1日の0時00分ではないのです。もちろん、両者はまったく同じ時点ではありますが、法律の上では3月31日のうちだと規定しているわけです。

このような法律の上の考え方で、4月1日生まれの子供は、3月31日の24時00分に満6歳になるので、翌日の4月1日以降から始まる学年の1年生として小学校に入学するのです。

したがって、「早生まれ」とは、誕生日が一般にいう「1月1日から3月31日まで」ではなく、「1月1日から4月1日まで」の子供を指すことになります。

年齢は誕生日の朝に一つ歳をとると思っている普通の感覚では、ちょっと変な感じがしますね。

それはさて置き、4月に新学期が始まるのは先進主要国の中では日本だけですが、入学式と晴れの舞台を彩る桜（地方によって開花の時期は少々異なりますが）との絶妙な組み合わせは、日本人にとって馴染み深く、新しいスタートにふさわしい時期だと思います。

第2講　国語「筆順」

小中学校で習った簡単なことなのに、大人になっても何となく自信がなくて、心の奥でザワザワ・モヤモヤしているものがあります。漢字の筆順（書き順）です。

もともと私は漢字の書き取りが少々苦手なのですが、筆順ということになると、一段と自信がありません。「字なんて、どのような書き順で書こうと、書ければいいじゃないか」と思っていたので、漢字を覚える時に「自我流」を押し通してきたためです。そのため、学校の国語のテストで「正しい筆順を示せ」などという問題が出題されると、お手上げ状態でした。

筆順は、美しい字を合理的に書くためのものです。教科書に従った書き順で字を書いてみると、確かに多くの字は形の良い字が書けます。

しかし、疑問もあります。例えば、「右」と「左」という字の「ナ」の部分の筆順が、「右」は縦から、「左」は横棒から書くのが正しいそうですが、なぜ、「右」と「左」で筆順を変える必要があるのでしょうか？　これについて、学校の先生からも明確な説明はありません。

そこで、「誰が、どのような基準で、筆順を定めたのか？」という疑問が湧いてくるのですが、子供時代の私にその答えを見つける能力も手段もなく、疑問を残しながら大人になってしまいました。もちろん〝いい加減な筆順〟を身に付けたまま。

各種の漢字の本には「筆順を間違えやすい」いくつかの字が挙げてあります。例えば次のような字です。

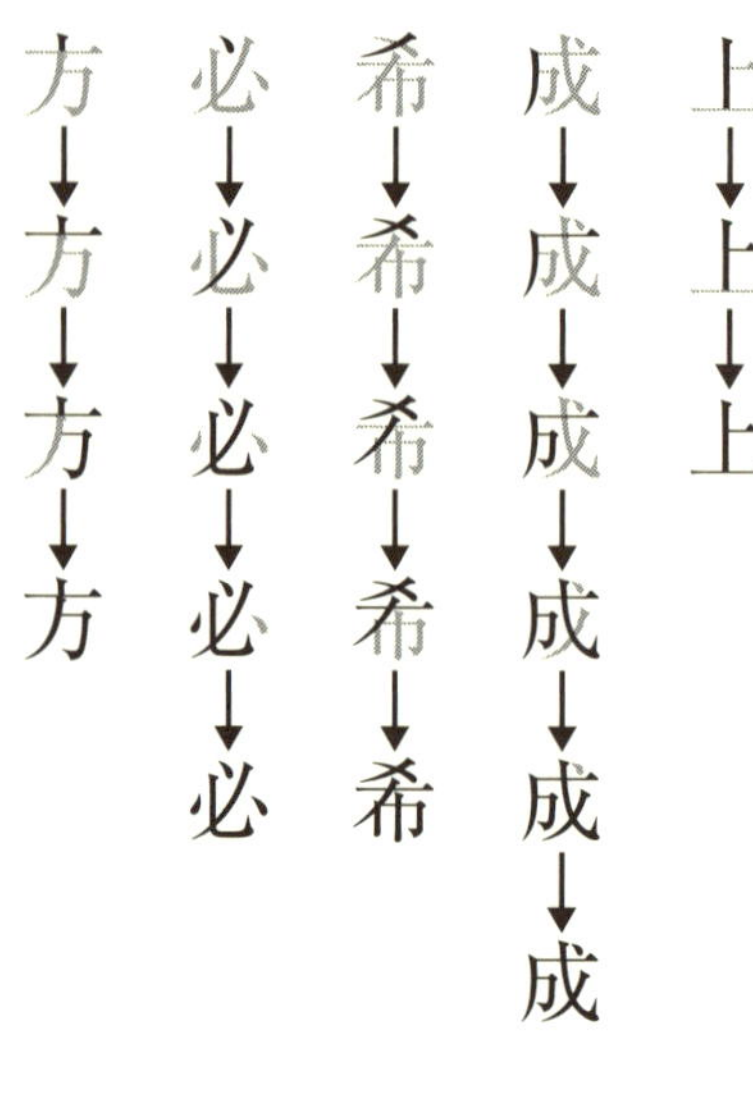

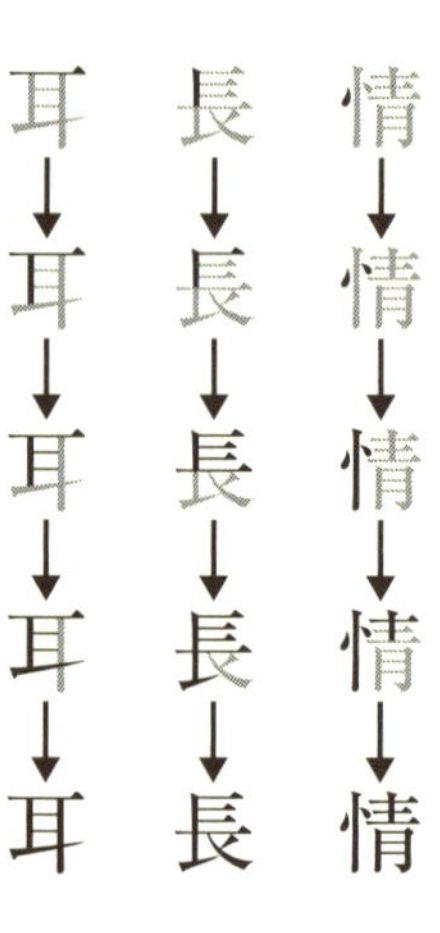

どうですか？　すべてこのとおりに書いていますか？　「筆順を間違えやすい字」というだけあって、正直なところ私は一つもこの「正しい筆順」では書いていません。

しかし奇妙です。『長』と『耳』は、形は異なるものの5画目までは構造が同じです。であるのに、なぜか書く順番が異なります。『右』と『左』の字の「ナ」の部分の筆順が異なるのと同様な疑問を持たざるを得ません。

『情』などの「りっしん偏」は、なぜ『小』の筆順と同じではないのでしょうか？　りっしん偏について辞書で調べてみたら、「りっしん偏は『心』の字を立てたもの」と説明されています。それでは『心』の字の筆順はというと〔左の点を書いてから長い斜めの線を書き、残りの二つの点を打つ〕わけで、（これに従えば）りっしん偏の筆順は〔点→縦棒→点〕の順となるかと思われますが、実際はそうではありません。かといって、『小』の書き順とも異なります。

前述の『右』と『左』も、どちらの字も部首は「十・ナ」部の漢字です。異なる部首であるというのなら分からなくもないですが、同じ部首……、つまり、同じ意味における漢字の成り立ちであるのに、筆順が異なるのは理解に苦しみます。

そもそも、この理解しがたい筆順は「誰が、いつ、どのような基準」で定めたのでしょうか？

一般に小学校で学ぶ漢字の筆順は、１９５８（昭和33）年3月に旧文部省（現在の文部科学省）初等中等教育局が取りまとめた『筆順指導の手引き』が基本になっています。

この『筆順指導の手引き』というのは、文部省が学識経験者や大学教授、教育現場の教師などに諮問して、その答申を基に文部省で検討した結果、小冊子として刊行されたものです。

終戦直後の１９４６（昭和21）年11月、政府は現代国語を書き表すために、日常使用する漢字として「当用漢字」１８５０字を定めます。さらに3年後の１９４９（昭和24）年には「当用漢字字体表」が告示されました。当用漢字を定めたものの、不統一になっていた漢字の標準化を図り、字体を整理・簡素化して書きやすくすることが目的でした。これによってできたのが「当用漢字字体」で、例えば「櫻」を「桜」に変更するなどしました。

「当用漢字」も「当用漢字字体表」も内閣告示ですので、法令としての性格を持ち、官公庁や教育機関での漢字の使用について、拘束力を持っています。

それまでの漢字の筆順については、一般慣行や書道の流派ごとで行われているものなどがあり、同一の文字であっても数種類の筆順があり、特に決まってはいませんでした。そこに上記の「当用漢字字体表」が告示されたため、新しい字体の漢字をどのような筆順で書くのかについて、教育現場は混乱しました。

そこで、小・中学校の国語学習の指導上、統一を図ることが望ましいとの考えからつくり出されたのが、前述の『筆順指導の手引き』です。ただし、これは告示ではないので、拘束力はなく、強制する位置付けのものではありません。

実際、小冊子『筆順指導の手引き』の中には、前書きに続き「本書のねらい」および「筆順指導の心がまえ」として以下のようなことが記されています。

①筆順は、字を整った形で書けて、学校教育における漢字指導の能率を高め、児童生徒が混乱なく漢字を習得するのに便利なように、教育漢字についての筆順を、できるだけ統一する目的で本書を作成した。
②ここに取り上げなかった筆順についても、これを誤りとするものでもなく、また否定しようとするものでもない。
③筆順は、一定の筆順によって指導することが望ましい。
④教師の板書は、つねに定められた筆順によって書くようにしたい。

さらに、「本書使用上の留意点」が次のように述べられています。

①本書に取り上げたもの以外の、従来行われてきた筆順を誤りとするものではない。
②本書では、当用漢字別表（いわゆる教育漢字）の一部の漢字の筆順を取りあげたが、それ以外の当用漢字についても、原則や一覧表によって、適正な筆順を類推することができる。

これから分かるように、文部省が『筆順指導の手引き』で示した筆順は、新しい字体の当用漢字を書くにあたって筆順が統一されていないと、学校教育の現場における先生や児童生徒が混乱するので、一定の筆順によって指導するのに便利なように「例示」されたものです。『筆順指導の手引き』で示したもの以外の筆順を誤りとするものではないとして、例示された漢字以外のものは『筆順指導の手引き』に記載された原則や一覧表によって、筆順を類推して指導してもらいたいと、言っています。あくまでも参考例なのです。

ところが、これ以降の教育界では、『筆順指導の手引き』が筆順の唯一・絶対的な規則のように位置付けられていきます。その結果「正しい筆順はどれか？」というような実に不可解な問題が学校のテストに出題されるに至り、「手引き」のとおりだと○、そうでないと×としています。

ほかに、現在の日本漢字能力検定協会（漢検）でも5級（小学校6年生修了程度）以下の問題の一つとして出題されていて、その採点基準として「小学校学習指導要領の学年別漢字配当表に示された漢字については、『筆順指導の手引き』による」と明記されています。また、前述のように「筆順を間違えやすい（誤りやすい）漢字」という表現を使った、市販の筆順に関する書籍（参考書など）も数多く発行されています。さらにテレビ（民放）のクイズ番組にも出題されることがあります。

しかし、これは奇妙な話です。『筆順指導の手引き』で「ここに取りあげなかった筆順についても、これを誤りとするものでもなく、また否定しようとするものでもない」と注記してあり、ましてや、『筆順指導の手引き』の「当用漢字別表の筆順一覧表」に記載されたもの以外の漢字は例示すらされておらず、類推の域を出ていない筆順のはずです。教科書出版会社が「類推された筆順」を記載しているに過ぎません。そのため、同じ字であっても教科書によって筆順が異なるという（当たり前の）現象が起こります。言い換えると、使った教科書によって「正しい筆順」が異なるのです。

決まったものがない……つまり、正解がないことについて出題する意味がどこにあるのかと、訝しく思います。どうしてもテストに出題したいのなら「以下の漢字は、昭和33年の筆順指導の手引き又は○○出版株式会社の教科書では、どのような筆順だと書かれているか」と設問すべきでしょう。これなら正しい。もちろん、ナンセンスですが。

そもそも筆順とは、『筆順指導の手引き』の「本書のねらい」にも書いてあるように「全体の字形が、じゅうぶんに整った形で実現でき」るために存在するものです。美しい字を書くための合理的な方法ともいえるでしょう。『臼』『飛』『蕭』『淵』などの字は筆順に戸惑いますし、指導書の筆順のとおりに書くと、確かに書きやすいものです。

しかしそれは、個々人により微妙な違いがあるでしょう。例えば、左利きの人にとって一般的に「正しい」とされる筆順が、必ずしも書きやすいとは限りません。でも、「左利きの人のための正しい筆順表」なんてありませんね。また、書道家によって異なった筆順となっている場合があるようですし、漢字文化の先輩国である中国や韓国における筆順は、必ずしも『筆順指導の手引き』と同じではないのだそうです。

つまり、筆順に決まったものはないし、そもそも、一つに決めることができないし、一つに決める必要もないのです。合理的に字を書くための「参考」として生徒に筆順を示すことは必要かつ有効ですが、それを強制し、テストで筆順を問うのは愚かしいことです。

教科書の筆順どおりに書かない子供よりも、正解がないものをテストに大真面目に出し続ける学校や先生側の非論理性のほうが、よほど問題だと思います。

第3講　理科「太陽の南中時刻」

「東経１３５度の子午線上で、太陽が南中する時刻は、日本標準時の12時である」

私も、小中学校で確かにこのように習ったのですが、これは正確に言うと間違いです。太陽などの天体が真南に位置することを「南中」と言います。その太陽の南中時刻は、日本標準時の基準である東経１３５度の経線上であっても、時計（日本標準時）の12時とは限りません。しかも、１年の中でなんと！　30分近くも前後しているのです。

表2を見てください。この表は東経１３５度の子午線が通る兵庫県明石市における、２０１８年の各月（5日と22日）の日の出・南中・日の入の時刻を記したものです。南中時刻は11時43分（11月5日）から12時14分（2月5日）まで、30分もの幅で変化しています。その動きは、2月から5月までの間では南中時刻が早くなり、その後7月まではいったん遅くなりますが、7月を過ぎると再び（しかも急速に）早くなるというように、複雑な変動になっているのが分かります。そして、

表２　兵庫県明石市の 2018 年の日の出、南中、日の入り時刻（データ出所：国立天文台）（東京ではこれより約 20 分早く、長崎では約 20 分遅い時刻となる）

月	日	日の出	南中	日の入	
1	5	7:07	12:05	17:03	近日点
	22	7:04	12:11	17:19	
2	5	6:55	12:14	17:33	
	22	6:38	12:13	17:50	
3	5	6:25	12:11	17:59	
	22	6:02	12:07	18:13	春分
4	5	5:42	12:02	18:24	
	22	5:20	11:58	18:37	
5	5	5:06	11:56	18:48	
	22	4:53	11:56	19:01	
6	5	4:47	11:58	19:10	
	22	4:47	12:01	19:16	夏至
7	5	4:52	12:04	19:17	遠日点
	22	5:02	12:06	19:10	
8	5	5:13	12:06	18:59	
	22	5:25	12:03	18:40	
9	5	5:35	11:58	18:22	
	22	5:48	11:52	17:58	秋分
10	5	5:57	11:48	17:39	
	22	6:11	11:44	17:18	
11	5	6:24	11:43	17:03	
	22	6:40	11:46	16:52	
12	5	6:52	11:50	16:49	
	22	7:03	11:58	16:53	冬至

これらの動きの変節点は、夏至・冬至や春分・秋分の日とは合致していません。

このように南中時刻が大きく変化していることは、普通、私たちの生活の中で気にならないどころか、まったく気がつくこともありません。そもそも自分が立っている地点の真南の方向が、よほど精密な観測をしない限り、正確には分からないでしょう。加えて、各地の経度が、日本の基準の東経135度に対してズレていますから（東京プラス5度弱、名古屋でプラス2度弱、長崎でマイナス5度強など）、各地点における真南の方向が正確に判明したとしても、「経度の差による南中時刻の差」を修正する計算が必要です。

しかし、「冬至の日は、1年で一番昼の時間が短い日なのに、日の出時刻が一番遅い日ではない」という現象なら、経験的に知っている人は多いでしょう。

表2の日の出と日の入の時刻を見ても、確かに12月の冬至の日（22日頃）よりも日の出は1月のほうが遅く、日の入は12月5日のほうが早いことが読みとれます。それどころか、冬至の1か月前の11月22日と比べても、冬至のほうが日の入時刻は遅いのです。

一方の夏至（毎年6月21日または22日）も、日の出は6月5日のほうが早く、日の入は7月のほうが遅くなっており（正確には、最も日の出が早いのは6月13日頃、最も日の入が遅いのは6月30日頃）、やはり多少のズレが生じています。やはり夏至も、1年で一番昼の時間が長い日なのに、日の出時刻が一番早い日ではなく、日の入が一番遅い日でもないのです。

学校では、昼間の長さが夏（夏至）と冬（冬至）とでは異なる理由として、「日の出・日の入の時刻が変化するから」としか教えないので、1年中で、夏至の日は「日の出時刻が最も早く、かつ、日の入時刻は最も遅い（冬至の日はその逆）」と理解（誤解）してしまいます。

では、どうしてこのような現象が起こるのでしょうか？

実は、地球から見る太陽は、一定の速さで動いてはいません。それは主に次の理由によります。

①太陽の周りを楕円軌道で回る地球の公転速度は、近日点（最も太陽に近くなる点・1月初旬）付近では速くなり、遠日点（最も太陽から遠くなる点・7月初旬）付近では遅くなる。［ケプラーの第2法則］

②地球の地軸が、太陽の周りを回る公転面に対して傾いている（23・4度）ため、太陽の黄道（地球から見た太陽の天球上の運動経路）通過速度に対する、地球の赤道座標上での移動速度が、夏至や冬至の頃は速く、春分や秋分の頃は遅くというように季節によって異なる（夏至や冬至の時の移動速度を1とすると、春分や秋分では cos 23.4 = 0.9177）。

かなり難しい話になってしまいましたが、とにかくこの①と②の組み合わせによって、日の出・日の入の時刻はそれぞれ異なる速さで、また不均等に変化しています。表2でも、例えば8月と9月（ともに22日）を比べたら、日の出が23分遅くなっているのに対し、日の入は42分も早くなっているのが分かります。ちなみに、日々、日の入時刻が早くなっていくスピードは秋分の頃が最も速く、まさしく「秋の日はつるべ落とし」なのです。

このように、日の出と日の入の時刻が動き、日の出と日の入の中間点である南中時刻も、複雑に変動しているのです。

また表2で分かるように、日の出や日の入の時刻は、夏至や冬至ではなく、地球の公転軌道における「近日点」で日の出が最も遅く、「遠日点」で日の入が最も遅くなっています。

であれば、なぜ、「太陽が南中する時刻は、日本標準時の12時」ということになっているのでしょう。

それは、この場合の「太陽」とは、本当の太陽（真太陽）ではなく、1年の太陽の動きを平均し、一定の速度で動く「平均太陽」と呼ばれる理論上の太陽を基準としているためです。平均太陽が南中する時刻を12時とし、次の日に南中するまでの時間を24時間（1日）と定めているわけです。

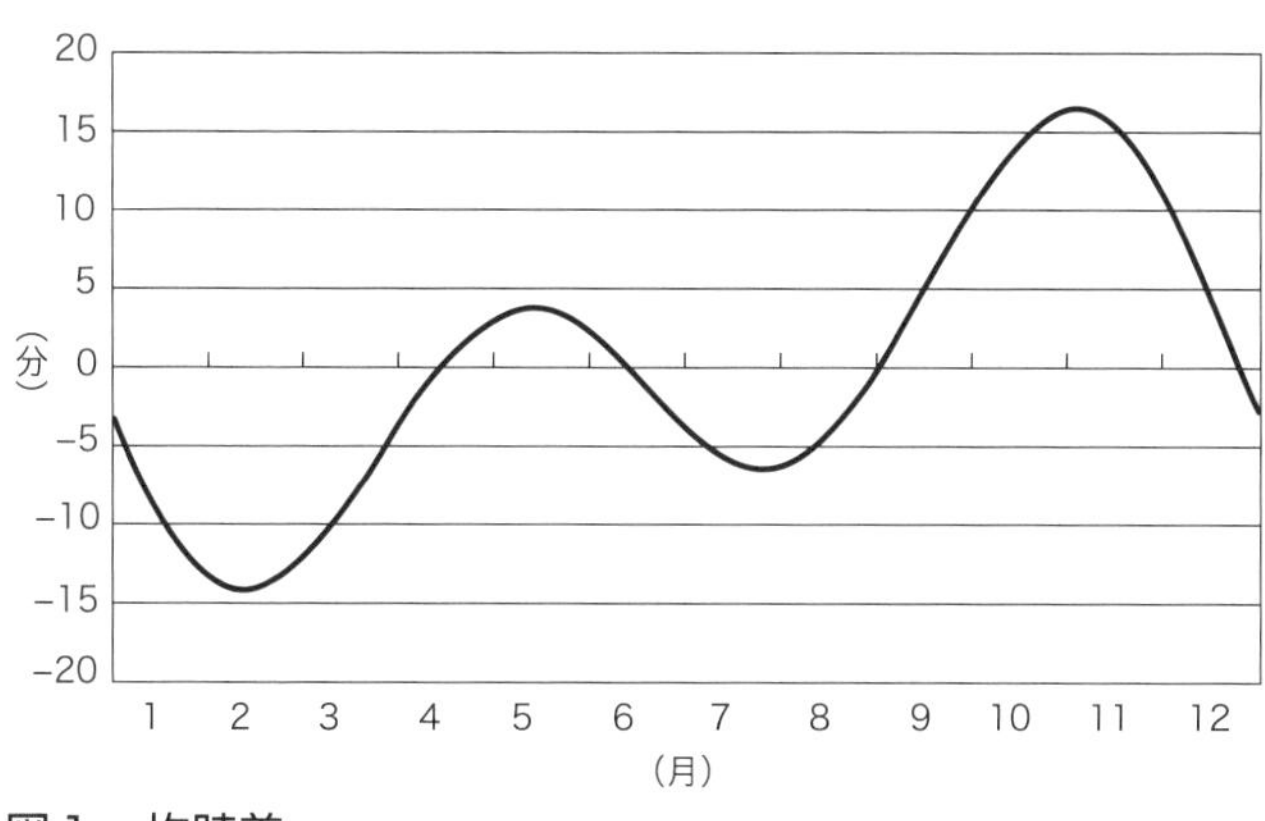

図1　均時差

なお、真太陽と平均太陽の（南中などの）時間差を「均時差」と呼びますが、1年間の最大均時差は、2月13日頃に遅いほうへ14・4分、11月6日頃に早いほうへ16・4分となっており、実に年間31分もブレがあるのです（図1）。

それにしても、お天道様の動く速度が変化するなんて、ちょっと不思議な感じがしますね。

第4講　体育「フォークダンス」

あと3人、あと2人。しかし無情にも音楽はここで終わり、辿りつけない。憧れのあの子の手を握れるチャンスをこうして失い、仕方なく天を仰ぎ、無慈悲で意地悪な神様を力いっぱい呪う……学校のフォークダンスで、誰にでもある経験でしょう。

私は体育が嫌いで、その中でも特に厭なフォークダンスをなんとか我慢できたのは、あの「至福のひと時」があるからなのに、期待はしばしば裏切られたものです。

日本において、フォークダンスが学校教育に取り入れられるようになったのは、昭和の初めの頃。しかし本格的に盛んになっていくのは戦後になってからで、GHQ（連合国最高総司令部――実質的にはアメリカ軍司令部）が後押しする教育改革によって、定着していったようです。なお、体育の授業ではフォークダンスだけではなく、生徒たちが自主的に創り出す「創作ダンス」も、その主な内容となっていました。現在でも中学校学習指導要領では、保健体育において全員が（中学の3学年になるまでに）武道およびダンスを学習することになっています。

しかしながら、現在の中高年の人たちが思い描くようなフォークダンスを小中学校の授業で踊ることは、今では少なくなっています。代わりに「南中ソーラン」（北海道民謡ソーラン節を現代風にアレンジ、振付したもの）に代表される、創作性の高い踊りが使われることが多くなっています。フォークダンスを日本語訳すると「民俗舞踊」であるわけで、そういう意味からするとソーラン節もフォークダンスの一つだと言えますが。

さて、フォークダンスの定番といえば、「オクラホマ・ミキサー」と「マイムマイム」でしょう。中年以上の人たちにとっては、ほぼ全員が踊った（踊らされた）経験があり、小学校、中学・高校時代の懐かしい思い出と響きがある2曲だと思われます。しかしながら、このカタカナで書かれる曲名の意味となると、これまたほぼ全員が知らないようです。少なくとも、私が質問した友人・知人のすべてが答えられませんでした。学校で踊りを教えてもらっても、その踊りや曲の名前の意味については習っていないのです。という私自身も、この二つの曲名の意味をまったく理解していないことに気づいたのは、最近のことです。

「オクラホマ・ミキサー（Oklahoma Mixer）」は、日本で最もポピュラーなフォークダンスです。もともとアメリカ中南部のオクラホマ州（州都はオクラホマシティー）で踊られていたダンスを、日本で平易に踊れるようアレンジしたものだとされています。したがって、同じ振付のダンスがアメリカで踊られているわけではない、ということになります。

「ミキサー（ミクサー）」というのはダンスの形式の一つで、カップルになっている男女が次々に踊る相手を変えていく踊りのことです。なお、「mixer」という単語には、これとは別に「親睦会、人づき合い」という意味もあります。

ということで、「オクラホマ・ミキサー」とは、米国オクラホマ風のミクサー形式のダンスという意味なのです。

では、あのオクラホマ・ミキサーの音楽も「オクラホマ・ミキサー」という曲名なのかというと、どっこい、そうではないのです。曲名は「藁(わら)の中の七面鳥」（Turkey In The Straw）です。19世紀頃から歌われ出したとされるアメリカ民謡で、作曲者は不詳。フォークダンスとは別に、単独で演奏（歌唱）されることも多く、テレビのＣＭでも頻繁に使われています。また、次の日本語の歌詞を聞いたことのある人も多いと思います。

さあ大変だ　さあ大変だ　七面鳥が逃げて行く
さあみんなで　捕まえろ　池のまわりを　追いかけろ
ララーララ　ララーララ　ララーララ　ララーララ

一所懸命　逃げて行き　そら隠れた所は　藁の中　（作詩：久野静夫）

その「藁の中の七面鳥（Turkey In The Straw）」の英語の歌詞は次のとおりです。

As I was a-goin on down the road,
With a tired team and a heavy load,
I cracked my whip and the leader sprung,
I says day-day to the wagon tongue.

Turkey in the straw, turkey in the hay
Roll 'em up and twist 'em up a high tuck a-haw
And twist 'em up a tune called Turkey in the Straw.

この歌詞は、良くいえば韻を踏んだ、悪くいえば意味のないダジャレだらけなので、学校で習った英語のレベルでは訳しづらいのですが、大まかな意味は以下のとおりかと思います。

荷馬車で道を行く
疲れた馬たちと重い積み荷とともに
鞭を鳴らすと先頭の馬が跳ね
「ドウドウ」と馬たちに声をかける

藁の中の七面鳥　干し草の中の七面鳥
転がし、捻って、高くからげて
藁の中の七面鳥を捻っちゃえ

これには前掲の日本語の歌詞のような、七面鳥が逃げていることや池の周囲を追いかける様子などは描かれていません。日本で親しまれている日本語の歌詞とは、その内容が大きく異なっています。ダンス「オクラホマ・ミキサー」の音楽というのは、本来このような曲だったわけですが、実は、この曲はアメリカ民謡であってもオクラホマ地方の民謡というわけではありません。また、ダンスのオクラホマ・ミキサーとも関係ありません。ただ日本でアレンジされた「オクラホマ風のミクサーダンス」を、日本国内で踊るにあたって、調子がよく馴染みやすいことから、この曲が使われただけなのです。多くの日本人は、オクラホマ・ミキサーはオクラホマの民謡によるオクラホマのフォークダンスだと思い込んでいますが、まったく違うのです。

これに対して「マイムマイム」は、イスラエル民謡にイスラエル本国で踊りを付けたものです。この点が、日本でアレンジされた踊りに、それにふさわしい曲を後付けした「オクラホマ・ミキサー」とは異なります。しかし、この「マイムマイム」にも分からないことがあります。そもそも「マイムマイム」とはどういう意味で、どのような内容を持った歌なのか？　ということです。

イスラエル民謡「マイムマイム」は、イスラエルの言語であるヘブライ語で歌われています（当然といえば当然ですが）。歌詞は旧約聖書から引用したもので、「マイム」は水のことです。「あなたたちは喜びをもって、救いの井戸から水を汲む……」と歌われるこの歌は、井戸から水が出た喜びや感謝を表わしたもので、ダンスの振付も、これを表現したものになっているのだそうです。乾燥地帯にあって、水に乏しい中東地域の厳しい自然環境が背景にあることを理解しておく必要があります。

ちなみに、イスラエルはユダヤ人の国で、宗教はユダヤ教を主としています。歌詞に引用された旧約聖書は、ユダヤ教とキリスト教とイスラム教に共通する正典で、一部はイスラム教でも教典として位置付けられています。キリスト教とイスラム教は、ともにユダヤ教から分派・独立した経緯を持っています。

ところで、マイムマイムを踊りながら、「マイムマイム、マイムマイム、マイム□□□」と歌う箇所があります。さて、その□□□の部分は、何といっているのでしょうか？

これを友人知人たちに問いかけてみると、10人なら10人が異なる答えをします。例えば、「ベサセ」、「ゼサス」、「レッセッセ」、「エセセ」、「デベソ（出べそ？）」などなど。私が通った中学校では「メサセ」でした。

正解は「ベサソン（あるいは、ベサッソン）」。「喜びをもって」という意味なのだそうです。したがって「マイムマイム、マイム　ベサソン（※ mayim ……besason）」は、「水、水、水が出て嬉しいな」というくらいの意味になります（※：英語表記。本来はヘブライ語）。

余談ながら、文部科学省の中学校学習指導要領（２０１７年告示）では、中学体育のダンスの「目標及び内容」として次のように書かれています（一部を抜粋）。

「ダンスの特性、踊りの由来と表現の仕方、関連して高まる体力などを理解し、イメージを捉えた踊りを通した交流をすること」

そうだとすれば、オクラホマ・ミキサーやマイムマイムの踊りや曲名の意味を教えてもらわずに、どのように「ダンスの特性、踊りの由来と表現の仕方」を理解するのか、不思議です。もっとも、中学生・高校生にとって「あと2人、あと1人、そして至福のひと時」にしか関心はありませんが。

第5講　社会「黒船来航」

「ペリー提督が、太平洋の向こうの米国から、黒船4隻を率いてやってきた」

1853（嘉永6）年、黒船が浦賀沖に現れました。司令官のペリーはアメリカの軍艦の威力を背景に、日本に開国を迫ります。日本史上の最大級の出来事でした。二百数十年間も鎖国をしていた日本側は、大慌てとなりました。

その様子を表現したのが、次の有名な狂歌です。

「太平の眠りを覚ます上喜撰（蒸気船）、たった四杯で夜も眠れず」

上喜撰というのは宇治の高級茶の銘柄です。お茶のカフェイン効果で夜に寝つくことができないという意味ですが、上喜撰に「蒸気船」、四杯に「軍艦4隻」をかけているのはお分かりのとおりです。日本にとって、いかにショッキングだったかが上手く表現された狂歌です。

ところで、黒船来航を学校で習う時、ついつい、二つの「落とし穴」に陥ることが多いようです。

一つは、ペリー艦隊がやってきた航路を勘違いしていることです。

黒船来航については、冒頭に掲げたように書かれることは結構多いのですが、「太平洋の向こうの米国から」の表現から「太平洋を渡ってやってきた」と理解してしまっている人が少なからずいます。

それどころか、最近のテレビ番組（民放）でも、「ペリー艦隊が太平洋を渡ってきた」といっていたので驚きました。……という私も、実は学生時代までそうでした。

現在、アメリカから日本に行くには太平洋を航行するのが一般的ですから、ついつい、ペリー艦隊も太平洋を横断したのだと思い込んでしまうのです。

1852年11月24日、マシュー・C・ペリーは、アメリカの東海岸にあるバージニア州ノーフォークの軍港から出帆します。フィルモア米国大統領の国書を携えていました。軍艦は彼が乗る蒸気外輪艦ミシシッピ号（1692トン）の1隻だけです。

出港したミシシッピ号は大西洋を東に進み、ポルトガルの首都リスボンの南西約1000キロメートルにあるポルトガル領マディラ諸島へ向かいます。マディラ諸島からはアフリカ南端の喜望峰（ケープタウン）へ南下して行きます。喜望峰には2か月後の1853年1月24日に到着。そこから途中セイロン（現在のスリランカ）に寄港しながらインド洋を横断し、さらにシンガポールを経て、同年4月7日に香港に入港しました。ここで米国東インド艦隊と合流します。ペリーは最初から4隻の軍艦を率いていたわけではないのです。

その後、上海で乗艦（旗艦）をミシシッピ号からサスケハナ号（2450トン）に移します。サスケハナ号は、蒸気艦としてその当時世界最大の軍艦でした。米国東インド艦隊には、このほかに帆船のサラトガ号とプリマス号、サプライ号が所属していました。

5月23日、ペリー艦隊は琉球に向けて揚子江河口付近で伐錨。3日後、那覇に到着し、琉球王国の首都・首里を訪問するなどして、しばらくここに滞在します。その間の6月7日から23日には、ペリーはサスケハナ号とサラトガ号の2隻で小笠原諸島に向かい、父島を探検しています。

7月2日、旗艦サスケハナ号以下、ミシシッピ号とサラトガ号、プリマス号の4隻からなる艦隊は、日本に向けて那覇を出航します。そして7月8日、いよいよ浦賀沖にその姿を現し、観音崎の南西約2・8キロメートルに投錨するのです。

このように、ペリーは太平洋を横断したのではなく、反対回りでやってきたのです。

今なら、アメリカの東海岸から出発してパナマ運河を通ることも可能で、この航路のほうが短いのですが、ペリーが航海した頃、パナマ運河はまだ開通していませんでした。パナマ運河の開通はペリーの出航から62年後の１９１４年のことです。また、太平洋を横断するためには、石炭を燃料とする蒸気船にとって、石炭や水を補給する施設を持つ港が不可欠ですが、当時は太平洋航路そのものが開拓されておらず、途中にそのような港はサンドウィッチ諸島（ハワイ諸島）を除いてありませんでした。しかし、そのハワイも、当時はイギリスやフランスなどの列強が領有を巡って激しく争っている時代で、安定した補給基地としての役割は不充分でした。ハワイがアメリカに併合されるのは、ペリー来航から45年後の１８９８年のことです。

もう一つの落とし穴は「提督」です。「提督」の意味を知らない、あるいは知らないまま永年にわたって放置していた人が多くいることです。

これについて、友人からこんな話を聞きました。

「中学生の時、社会科の先生に『先生、その提督ってなんですか?』と質問すると、先生はチョットト困った表情で『何でもいいから、偉い人のことヨ！』と教えてくれた。おかげで大人になるまで、偉い人はみな提督というのだと思っていたよ。アハハハ」

なかなかスゴイ話です。しかも、この話を別の友人にしたところ「えっ！　自分も似たような経験がある」というのです。

社会科のテストに出題され、その解答に「ペリー提督」と書き、マル（正解）をもらっても、出題したほうも解答したほうも、実は意味が分かっていないということになります。これでは滑稽です。

提督というのは、「エライ人」という意味ではありません。海軍の階級で将官、つまり大将・中将・少将の総称です。また、将官でなくても艦隊司令官の場合は提督と称します。歴史上では、東郷提督やネルソン提督などが有名ですね。一方、陸軍の将官の場合は将軍といいます。乃木将軍やマッカーサー将軍などがその例です。

ペリーは東インド艦隊司令官で、階級は海軍大佐でした。将官の下の位である大佐でも艦隊司令官であったので、提督と称されているのです。

なお、当時の米国海軍では階級の最高位は大佐で、将官（少将以上）の階級が設定されたのは、ペリー艦隊の航海からおよそ半世紀後の１８９９年のこと

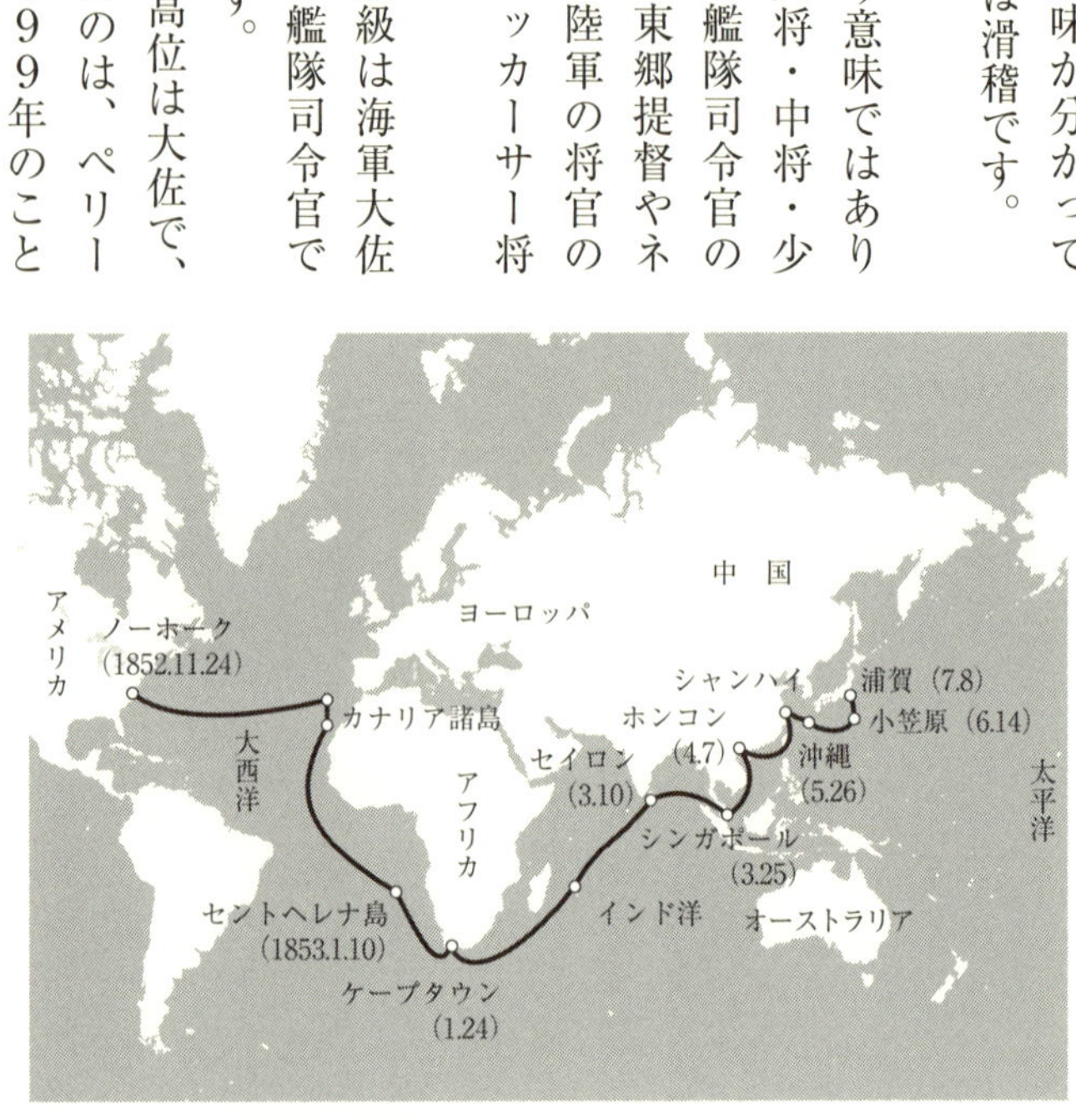

図2　ペリー艦隊の航路

です。

どうですか？「ペリーという、ナンだかよく分からないけど偉い人が、4隻の軍艦で太平洋を横断してやってきた」と思い込んでいませんでしたか？

ついでながら、「提督」とよく似た感じ（漢字も）のものに「総督」があります。こちらは主に植民地や属領などに本国（宗主国）から任命・派遣されて、その対象地域の政治や軍事を司る役目の行政官のことです。

中国に返還される前の香港にはイギリスから派遣された「香港総督」がいたほか、朝鮮が日本の領土であった時代には「朝鮮総督府」が置かれ、伊藤博文（当時は統監と称していた）や齋藤実などが総督に任じられていました。

現在でも、イギリス領ケイマン諸島やオランダ領アルバなどの属領には総督がいるほか、カナダやオーストラリアなどのイギリス連邦の国々でも、形式的ながら総督が存在します。

第6講　算数「分数の割り算」

なぜ分数の割り算では、分母と分子をひっくり返して掛けるのでしょうか？

こんな簡単で常識的な問題でも改めて聞かれると、一瞬、戸惑ってしまうものです。

スタジオジブリの「おもひでぽろぽろ」をご覧になったことはあるでしょうか？　岡本螢・刀根夕子原作、制作プロデューサー宮崎駿の劇場アニメで、１９９１（平成3）年に公開されました。20代後半の若い女性である主人公（タエ子）が山形の田舎町へ行き、小学5年生の頃のほろ苦い思い出を重ね合わせながら、大自然と周囲の人々との触れ合いの中で自分を見つめ直すというストーリーです。「となりのトトロ」や「魔女の宅急便」などとは種類の異なる暖かさと感動がある素晴らしい作品です。

その「おもひでぽろぽろ」で、タエ子が小学生の頃を回想するシーンの中に、「分数の割り算」が出てきます。タエ子が算数のテストで25点という惨憺たる成績をとってしまい、母親がタエ子の姉に、タエ子の算数を指導するよういいつけます。姉はタエ子のテスト答案を見て、分数の割り算の計算問題が全滅していることを発見します。タエ子は分数の割り算で、分母と分子をひっくり返さないで掛けていたのです。
そして、次のような会話が展開されます。

姉：分数の割り算は、分母と分子をひっくり返して掛けりゃよいだけじゃないの、学校でそう教わったでしょ！

タエ子：分数を分数で割るって、どういうこと？　3分の2個のリンゴを4分の1で割るというのは、3分の2個のリンゴを4人で分けると1人何個かということでしょ？
……だから1人6分の1個。

姉：ちがう、ちがう。それは掛け算。

タエ子：え〜、どうして？　掛けるのに数が減るの？

姉：とにかく、掛け算はそのまま。割り算はひっくり返すって覚えればいいの。

分数の割り算をタエ子が理解できていないだけでなく、お姉さんも明確な説明がまったくできません。
確かに私が通った小学校でも「良い子は、黙ってひっくり返えしなさい！」といった感じで指導され、その理由については教えてくれませんでした。本当は、先生からひっくり返えす理由を教えてもらったのに、覚えていないだけかもしれませんが、私の友人たちに聞いても、説明を受けた記憶のある人はいませんでした。中学校で数学を習う前の小学生への説明は、案外難しいのです。

アニメの中でタエ子が言います。

「分数の割り算がすんなりできた人は、その後の人生もスンナリいくらしいのよ」

まあ、そのとおりかもしれません。良い子（素直な優等生）はこの「ひっくり返えし」を不思議に思うことなく、テストでも良い点をとることができ、「なぜなんだ⁉」と思い悩む悪い子（本当に優秀な子）は、悪い点をとってしまうのではないかと思います。

このアニメのシーンは、教育のあり方について実に含みのあるもので、論理的思考への「こだわり」を示唆しているように思えます。論理の表現であるはずの算数が、丸暗記の勉強になりがちな現状を指摘しています。

論理的思考に馴染むことがなくなると、やがて理数系の科目を避ける傾向となっていきます。実際、今の高校では数Ⅱ、数Ⅲが選択科目（つまり、受講しなくてもよい）になっているので、多くの生徒が勉強していないようです。文科系学部の大学入試（私立大学の場合）でも、英語・国語・社会の3科目（場合によっては2科目）だけを入試科目とするのが大多数になっています。そのような大学は、いったい、どのような人材を集めようとしているのかと、首を傾げたくなります。

この結果、分数の計算や割合を求める計算ができない社会人が増えています。金融機関である

【問題】

$\frac{3}{4}$ ℓで $\frac{2}{5}$ ㎡を塗れるペンキがある。1ℓであれば何㎡塗れるか？

【解答・説明】

考え方の手順として、まず、1ℓは $\frac{3}{4}$ ℓの何倍かを導きます。

$1=\frac{3}{4}\times\square$ ……□には $\frac{4}{3}$ が入り、$\frac{4}{3}$ 倍だと分かります。

□に入る $\frac{4}{3}$ は、1を $\frac{3}{4}$ で割ることで求められます。

そして、$\frac{3}{4}$ ℓで $\frac{2}{5}$ ㎡が塗れるのですから、1ℓであれば $\frac{4}{3}$ 倍をして、$\frac{2}{5}$ ㎡ $\times\frac{4}{3}$ で、答えは $\frac{8}{15}$ ㎡となります。

私の職場でもそうで、再々、若手社員に算数と数学（一次関数）の個別指導を行っていました。彼らは（2÷5）や（7÷1―2）の計算が電卓なしにはできないのです。

さて、本題に戻ります。分数の割り算では、なぜ分母と分子をひっくり返して掛けるの

$$\frac{2}{5} \div \frac{3}{4} = \frac{2 \div 3}{5 \div 4} = \frac{2 \div 3}{5 \div 4} \times 1 \times 1$$

$$= \frac{2 \div 3 \times 3 \times 4}{5 \div 4 \times 3 \times 4} = \frac{2 \times 4}{5 \times 3} = \frac{2}{5} \times \frac{4}{3}$$

でしょうか？

この問題は、学校教育の現場でも大きな、かつ困難な課題であるようで、大学の教育学部などの研究テーマにもしきりに取り上げられ、いろいろな方法でアプローチしています。

「掛け算と割り算はそれぞれ『逆数』の関係にあるから」と、答えるのが一番簡単でよいのですが、これでは小学生への説明として無理かつ不充分です。「分数で割る」ということの意味を理解させる必要がありますし、逆数であるなら、逆数であることの説明も必要です。

まず、「分数で割る」ことの意味を理解させるために、教育学部などの研究でよく使われる問題と解答・説明として、前ページの例があります。

このようにして、なぜ割るのかを教え、結果的に分母と分子をひっくり返して掛けていることを示しています。

これとは別にもう一つ。「割り算は逆数の掛け算に置き換わる」という説明を、式の展開を行っていく上記の方法があります。

分数の割り算では「分母と分子をひっくり返して掛ける」と丸覚えしても構わないけれど、実は、このような面倒な計算を省略しているだけなのだ、ということを理解させるわけです。

このほかにも、いろいろな方法があるようですが、いずれにせよ大人であれば簡単なことでも、子供に教えるのは意外に難しいものです。だから、学校でも最後はタエ子のお姉さんのように「とにかく、掛け算はそのまま。割り算はひっくり返えすって覚えればいいの！」というようになりやすいのでしょう。

どうですか？

自分で、小学生の頃の自分に教えることができそうですか？

第7講　制服「学ランとセーラー服」

中学校に入った実感が湧くのは、おそらく制服を着た時でしょう。小学校にも制服があった人は別ですが、そうでなければ、最初に制服を着るのは中学校の入学時で、ちょっとお兄さん・お姉さんになった気がするものです。

最近の中学・高校の制服は、ブレザー型が増加してきているものの、まだまだ男子が詰め襟、女子がセーラー服となっている学校も多いようで、学生服といえば詰め襟とセーラー服が定番です。

昔から見慣れた学生服ですが、改めて考えてみると、詰め襟もセーラー服も一般的なファッションからすると少々特殊なもので、学校を卒業してからもあの服を着る人は、特殊な趣味を持っていない限り、まず、いないと思われます。海外を見渡しても、このような制服は見当たらないようですが、どうして日本の制服は詰め襟・セーラー服なのでしょうか？　また外国の学校の制服は、どのようになっているのでしょうか？

まず、各国の学校における制服採用の割合は、学生服メーカー（カンコー学生服・尾崎商事）が

2007（平成19）年に調査したデータがあります。表3がそれで、日本を含む6か国の高校生（各々100人）に「通っている学校に制服はありますか」と尋ね、「ある」と回答した割合を表わしたものです。

表3　通っている学校に制服はあるか（%）

日本	中国	韓国	豪州	英国	米国
81	92	97	93	73	11

アメリカを除く多くの国で、学校の制服が定着しているのが見てとれます。オーストラリアも採用率が高いのですが、日本を含む東アジアの3国がそろって高い数字になっているのが目を引きます。とにかく、制服は日本だけのものではないのです。アメリカで制服の着用が極端に少ないのは、個人中心主義的な考え方や、人種の多さによる文化の多様性に起因するものではないかと考えられます。

しかし、これら各国の制服をネットの画像などで見る限りでは、「詰め襟・セーラー服」を着用している国はなく、やはりこれは日本独自の学生服文化であるようです。

では、日本の学生服にはどのような歴史があり、どのようにして日本独自の「詰め襟・セーラー服」が制服として採用されるようになっていったのでしょう?

明治維新後、政府は急速に政治や産業、文化などの近代化・洋風化を推進していきます。いわゆる「文明開化・富国強兵」の時代です。まず軍隊が整備され、1870（明治3）年に陸軍がフランス式、海軍がイギリス式の軍服を制定します。また翌年には郵便配達夫や巡査、1872（明治

5）年に鉄道員の洋装制服が導入されていきました。教育面では、同年に学校制度を定めた「学制」が公布され、小学校や中学校などの学校の種類やその設置が制定されて、次第に国民教育の体制が整っていきます。

洋服による学校制服の採用は明治6～7年頃で、工部省工学寮（現・東京大学工学部）やクラーク博士で有名な札幌農学校（現・北海道大学農学部）が日本で最初に制服を導入した学校だとされています。続いて、1882（明治15）年には文部省が官立学校で学生服を着用することを通達し、1884（明治17）年に東京農林学校（東京大学農学部や東京農工大学の前身）が制服を定めています。最初に詰め襟型の制服を導入したのは私学の学習院で、1879（明治12）年に海軍士官風の紺色制服を採用しました。そして1886（明治19）年には東京帝国大学と高等師範学校（後の東京教育大学→筑波大学）が、現在の黒の詰め襟学生服に金ボタンの原形となる制服を制定しました。デザインは、陸軍下士官の軍服を転用したものです。そのほか、中学・高等学校（ともに旧制）でも、基本的にこの制服を着用するようになっていきます。

上級学校への進学率が極めて低かった当時から太平洋戦争終戦の頃までは、旧制中学以上の生徒・学生はいわばエリートで、制服・制帽はそれを象徴するものでもあり、子供や女性の憧れの対象でもありました。あえて破れ帽にボロボロの学生服を着て、高下駄を鳴らしながら寮歌を高歌放吟した旧制高等学校のバンカラ姿は、このエリート意識の「裏返し行動」でもあったようです。

ところで､男子の詰め襟学生服のことを俗に｢学ラン｣とも呼びます。学ランの語源は､｢学｣は｢学生｣の「学」。｢ラン｣は｢オランダ（蘭）｣の｢ラン｣です。鎖国していた江戸時代、唯一交易していた西欧の国はオランダでした。このため｢オランダ｣は西洋の代名詞となり､洋服はすべて｢蘭服｣あるいは「ランダ」と呼ばれていました。明治になって学生が洋服による制服を着るようになり、「学生の蘭服」を縮めて「学ラン」と言うようになったそうです。

一方、女子の制服は、和服に男性用の袴を着用するスタイルから出発します。その後、男子学生の制服が制定されたのと歩調を合わせて洋装化が進められたものの、１８９０（明治23）年頃に、国粋主義的な反動によって女子学生の洋装が禁止され、しばらく和服の時代が続きました。

１８９９（明治32）年、女子高等師範学校（現・お茶の水女子大学）が女性用の袴を採用し、これが全国的な流行とともに各学校で定着していきます。以後、大正時代まで、これに洋靴を履く姿が当時のハイカラ・インテリ女性の最先端スタイルで、この時代の女学生の定番の服装になりました。ちなみに、現在の女子大生が卒業式の時だけに着る袴姿は、この頃の服装を模したものです。

女学生の本格的な洋装化はセーラー服の導入によって行われました。本来、セーラー服はその名のとおり海軍の水兵の制服です。19世紀中頃にイギリス海軍が採用したのを皮切りに、アメリカやフランス、さらには明治維新後の日本海軍でも採り入れられました。現在でも、海上自衛隊を含め全世界の水兵の軍服になっています。

そのセーラー服が、20世紀の初め頃に欧米で大流行します。セーラー服は背中のほうまで垂れた四角い大きな襟が特徴ですが、これを子供や若い女性が着ると可愛らしいことから一般の服装としても広まっていったのです。また、その後も一般服の基本的なデザインの一つとして定着していきました。そういえば、ディズニーのドナルドダックも上半身にはセーラー服、頭にはセーラー帽を着用しています。ドナルドダックが登場したのは１９３４（昭和９）年。米国では、この頃すでにセーラー服が子供のファッションとしてポピュラーになっていたことがうかがえます。

このセーラー服の流行が日本にも伝播し、日本の女学校に採り入れられるきっかけとなります。最初は女学生の体操着として、一部の女学校で使われました。明治30年代頃のことです。ただし、上衣がセーラー服、下衣は膝丈のブルマーという、今の感覚からすれば奇妙な組み合わせでした。

正式にセーラー服を学校の制服としたのは、１９２０（大正９）年の平安女学院（京都市）が最初とされ、翌年には福岡女学院（福岡市）も採用しています。両校はともに米国のキリスト教会系の学校で、外国人女性教師が導入を進めたようです。平安女学院はワンピース型の洋服にセーラー襟を付けたものでした。これに対して福岡女学院は、上下セパレート型でスカートにプリーツが入った現在のセーラー服の原形といえるデザインで、当時としては超斬新・画期的だったことから大変な人気になったそうです。これが全国に広まりました。東京地方でのセーラー服の採用は１９２５（大正14）年頃からで、昭和に入ると全国ほとんどの女学校の制服がセーラー服となっていきました。

さて、多様化していく今の学校制服の中で、詰め襟学生服とセーラー服はどれくらい着用されているのでしょうか。これもカンコー学生服が２０１１（平成23）年５～６月に実施した調査があり、その結果（回答のあった８６９校の集計結果）は、表４のようになっています。

表４　詰め襟とセーラー服の割合

	高校	中学
詰め襟	31.2%	75.2%
セーラー服	8.9%	40.3%

男子学生服の詰め襟は、女子のセーラー服よりも高校・中学ともにその割合は高く、女子の制服ほどには多様化が進んでいないようです。特に中学校では4分の3が詰め襟です。ファッション性を重視する私立校がブレザーなどの導入に積極的であることから、この4分の3のうち、かなりの部分が公立学校だろうと思われます。これに対して、女子のセーラー服の採用は、中学校で4割、高校では1割にも満たないのが実態です。昭和時代に全国を席捲したセーラー服も、時代とファッション・デザインの変化の中で、ブレザーなどほかのデザインのものに押され気味になっているようです。

（追記）その後の2018年の調査でも高校・中学の合計では過半の52・4パーセントが詰め襟を採用しています。

現在、「生徒たちに人気がある制服」であるか否かは、学校側にとって入試の偏差値にも影響を与え、さらに私立学校の場合には学校経営を左右しかねない大きな要素となっています。各校が競って生徒たちに好まれる制服を用意するのも、仕方がないことかもしれません。わざと汚い姿で闊歩していた旧制高校のバンカラ学生の時代とは、制服が持つ意味は大きく変わってきています。

さて余談ですが、経済産業省『平成11年・工業統計表』によると、学生服の都道府県別の出荷額では、岡山県が全国の60・2パーセントとなっており（第2位は埼玉県の5・9パーセント）、特に男子学生服では72パーセントという圧倒的シェアを持っています（第2位は埼玉県の2・9パーセント）。このように、岡山県は学生服の一大生産地で、全国的ブランドの「カンコー」「トンボ」「富士ヨット」などは岡山県のメーカーです。

岡山県で学生服の生産が盛んになったのは、もともと児島湾（倉敷市・玉野市）の干拓地などで綿花栽培をしていたことから紡績業が発展し、大正時代以降、安くて丈夫な木綿を使用した学生服の生産に結びついたためです。

第8講　国語「漢字と記号」

【問題】

次の文の中で使われているすべての文字や記号のうち、どれが「漢字」あるいは「記号」であるか、それぞれ分類して列挙してください。

二ヶ月の間、代々木への道は凸凹だった。

（読み：にかげつのあいだ、よよぎへのみちはでこぼこだった。）

日本語の表記は漢字・ひらがな・カタカナなどの文字で構成されます（英文字や数字などを除く）。それに文章を読みやすくするために、補助的に使われる記号が加わります。小学校、中学校では、漢字やひらがななどの文字や記号を習いますが、「どれが漢字で、どれが記号であるか」などということは、見れば分かるので、一般に問題にもなりません。

しかし困ったことに、その区別に悩ましいものがあるのです。それでは、前述の「問題」の正解です。

【正解】

漢字＝「二」「ヶ」「月」「間」「代」「木」「道」「〆」「凸」「凹」

記号＝「々」「、」「。」

「ヶ」が漢字であったり、「〆」が漢字と記号の双方に入っていたりなど、これを見て違和感を覚える人は多いでことしょう。

「二」「代」「木」「道」などが漢字、「の」「は」などは当然ひらがな、「。」は記号。まあ、ここまでは誰も異論がないだろうと思います。「凸」「凹」については、漢字の書き順クイズなどに出題されることもあり、これらが漢字であることを知っている人は少なくないと思います。

ちょっと補足しておきますと、「凸」「凹」はともに部首「凵」（かんにょう、うけばこ）の漢字。凸は画数5または6、音読みは「トツ」、訓読みは「デコ」（常用漢字表外）です。一方の凹は、画数5または6、音読みは「オウ」、訓読みは「ヘコむ、ボコ」（常用漢字表外）です。

ややこしいのは、「ヶ」、「々」と「〆」です。

『ケ』

これは「个」という漢字を簡略化した字です。カタカナの「ケ」と形は同じですが、別の字です（字の大きさが異なります）。ちなみに、カタカナの「ケ」は漢字の「介」を変形させたものです。「个」の音読みはカ、ガ、コ。字の意味「個、箇、一つ」で、数を表す助数詞でもあります。また、「个」と「箇」は同字だとされることもあります。なお、漢和辞典には「个」が正字として記載され、略字である「ケ」は書かれないことが多いのです。

『々』

これは佐々木、野々村、多々良などの苗字や、奈々子、寧々（ねね）などの人の名前に使われています。また、代々木（東京都渋谷区）、等々力（とどろき）（東京都世田谷区）、酒々井（しすい）（千葉県印旛郡）、千々石（ちぢわ）（長崎県雲仙市）などの地名にも見られます。見た目も漢字のような形をしていますが、それなのに漢字ではないのです。実際、一般的な漢和辞典を引っ張り出して目を皿のようにして探しても、「々」は載っていません（国立・国語研究所によると、一部に掲載されている辞典もあるそうです）。

「々」は同じ漢字を繰り返して書く時に、二番目の字の代わりに使う「記号」です。時々、月々、各々、少々、度々、青々、益々、悠々（ゆうゆう）などが、その例です。本来は繰り返しを省略して「同」と書くのですが、「々」は、「同」の俗字である「仝」が、さらに変形して記号化されたものです。漢字ではないので読みはありません。記号の名として「同の字点」、あるいは「々」の形を分解すると「ノ」＋「マ」になることから、出版業界などでは「ノマ」といっているそうです。

ひらがなの場合であると「々」ではなく、「ゝ」や「ゞ」を使います。「ゝ」や「ゞ」は「一の字点」と呼ばれています。また、「々」を含めこのような繰り返し記号を、俗に「おどり字」と言っています。なお、ワープロ（MSのワードの場合）では、「おなじ」とキーを打ち込んで変換すると、これら「おどり字」が表示されます。

『丶』

次は、漢字と記号の双方に分類されている「丶」です。

どう見ても「丶」は記号にしか見えず、実際、文章の中では読点記号として使われています。これは明らかに記号であると考えていいでしょう。日本工業規格（JIS）に規定されている記号の一つでもあります。

ところが「丶」は、常用漢字外の漢字でもあるのです。私は小学生の時から長年にわたって漢和辞典を使っていますが、「丶」が漢字の一つとして掲載されているのに気がついたのは、恥ずかしながら最近のことでした。「丶」を漢和辞典で調べてみると次のように書いてあります。

部首「丶部」画数1、音読みは「チュ」、訓義（漢字の読みと意味）は「しるし。てん。ぽっち。文章の読点。『主』の古字」『三省堂漢和辞典』

「丶」は、もともと灯火の象形文字で、「主」という字も燭台に火が燃えている様子を形にした象形文字です。しかし「丶」は、後に本来の漢字としての意味とは関係なく、もっぱら日本で文章の中の印（特に読点）として用いられるようになりました。ただし活字やワープロでは、読点の場合は「、」、漢字として表わす場合には「丶」というように、点の大きさを変えているのが一般的です。

それでは「丶」が読点としてではなく、普通の漢字として使われている例があるのかというと、実は、ほとんど見かけることはなく、私が知っている限りでは、唯一「南総里見八犬伝」に次のような姿で出ています。

「忠臣の金碗大輔孝徳が出家して、『犬』という字を分解した「丶大」と名乗り、八方に散った玉を求める旅に出る……」

南総里見八犬伝の作者・滝沢馬琴（曲亭馬琴）は、江戸時代後期の読み本作家です。彼は漢籍や仏典に対する膨大な知識を背景に、文字を分解したり、合成したり、また語呂合わせをしたりと、遊び心を持って作品を書いていたようで、これもその一つです。とはいえ、この「丶大」の「丶」も、「犬」の字に引っかけたシャレで使っているだけですので、一般的な意味を持つ漢字として用いられているわけではありません。

このように「丶」という文字は、本来は漢字であるのに、少なくとも今の日本では漢字として使われることは極めて少なく、記号化した読点として一般に用いられているのです。

記号のような「漢字」はほかにもあります。例えば次のような字です。

卍：［マン、バン、マンジ］ 梵字の万の字、めでたい意。
幸運の印であることから、お寺の地図記号として使われています。
この形が幸福を表現するというのは西洋でも同様で、ナチスのマークにも使われた「卍・ハーケンクロイツ」も（向きは左右逆ですが）これに由来しています。

〆：［シメ］ 締めるという意味で、手紙の封印としても使います。
日本でつくられた国字です。

一方、記号の中にも日頃から接する機会が多いのに、正しい読み方や名称を聞かれると、「はて、何だっけ?」となりがちなものがあります。身近なものの代表としては、次のものが挙げられます。

Vs：試合や戦いなどで二者が対抗・対立する場合、例えば野球の「巨人」対「阪神」なら「巨人Vs阪神」というように使います。これは「versus（バーサス）」の頭の2文字をとったもので、略号の呼び名もそのまま「バーサス」です。

&：「犬&猫」など、二つ以上のものを並列に表記する時に使っています。「セブン&アイ」など企業の名前に使う例も増えています。この記号の名前は「アンパサンド」といいます。

@：電子メールのアドレスの、ユーザー名とドメイン名の間を区切る符号として使われている「アットマーク」です。しかし、これを「アットマーク」と呼んでいるのは日本だけで、英語では「at sign」、「at symbol」と称しています。また国際的な文字符号化標準では、「commercial at」が公式名称です。元々は会計で用いられる単価記号です。

第9講　社会「魏志倭人伝」

学校を卒業して何年も何十年も経ち、その間、歴史物などの本を読んでいると、かつて学校で学んだ「歴史」の理解が不充分であったり、勘違いしていたことがあるのに気づくことがあります。あるいは、そもそも疑問を疑問として認識せずに過ごしてきています。

私にとって、その代表例が「魏志倭人伝（ぎしわじんでん）」と「一向一揆（いっこういっき）」でした。

【魏志倭人伝】

日本史の授業は縄文・弥生時代から始まります。教科書におけるこの時代の記述は、狭義の歴史というよりは、遺跡や土器などの考古学的な内容となっており、国家の形成という意味では、邪馬台国以降、大和朝廷の国家統一のあたりから歴史が始まると考えられます。

その邪馬台国のところで出てくるのが『魏志倭人伝』です。『魏志倭人伝』には、当時の日本に女王・卑弥呼に率いられた邪馬台国という国があることのほか、中国からの距離や人々の暮らしぶりが記載されています。もっとも、日本側には邪馬台国についての記録がなく、九州説、畿内説などいろいろあるものの、その所在した場所さえ判然としていないのは、ご承知のとおりです。

学校の授業で使われている代表的な教科書のほとんどが、『魏志倭人伝』の邪馬台国に関する記述を取り上げて、古代史の一部分の説明をしています。もちろん、私が中・高校生の時に使った教科書もそうでした。しかしながら『魏志倭人伝』というものが、どのようなものであるかを理解したのは、これまた情けないことに中年になってからでした。高校を卒業して30年近くも経っていました。意外だったので、早速、友人たちに聞いてみましたが、幸か不幸か、皆、私と同じでした。

私が理解していなかったこととは、「『魏志倭人伝』は『三国志』の一部であり、『魏志倭人伝』という名の書物はない」ということです。

『三国志』とは、もちろん、あの蜀の劉備玄徳・関羽・張飛を中心に、魏の曹操や呉の孫権などが抗争する雄大な物語の元になっている歴史書です。なお、我々が読んでいる（俗にいう）『三国志』は、『三国志演義』と呼ばれる時代小説で、14世紀（中国の明の時代）に書かれたものです。歴史書そのものではありません。

歴史書としての『三国志』は、晋王朝の時代（２６５～４２０）に編纂されたもので、後の『十八史略』にも収録されている正史の一つです（十八史の４番目）。『三国志』は、その名のとおり『魏書』『呉書』『蜀書』の三つの史書で成り立っています。魏・呉・蜀の三つの国が鼎立していたので、それぞれの国の歴史書があるわけです。

『魏志倭人伝』の「魏志」とは、この三つの史書のうちの『魏書』のことです。「志」という漢字は「誌」と同じで、「記録、書いたもの」という意味を持ちます。

『魏書』には魏国内の歴史のほかに、当時の外国について記述している箇所があり、そのうちの一つに「烏丸鮮卑東夷伝」という巻があります。この最後に書かれる「東夷伝」の末尾に、わずか1984字で倭人(日本人)や邪馬台国について記録されています。この1984字が一般に『魏志倭人伝』と呼ばれているものです。「東夷伝」というのは、東方の野蛮な民族について伝聞された事を記したもの、というくらいの意味で、日本のほかに朝鮮半島にあった国々や民族に関しても記述されています。ここで注意すべきは、「東夷伝」であって「倭人伝」ではないということです。つまり、『魏志倭人伝』という名の書物は存在しないのです。『魏志倭人伝』というのは日本の歴史学の上での通称です。正確には「三国志・魏書の東夷伝の倭人の条」とでも称するのがよいのでしょう。

とにかく、卑弥呼が派遣した使節団は、おそらく九州から海を渡り、朝鮮半島を経由して中国に向かったと思われ、朝鮮半島から中国へ入って行くと、当時の一番近い国は三国時代の魏ですので、魏志に記録されたわけです。

通常、読書として『魏志倭人伝』(正確には、魏書東夷伝)を読む生徒はいなくても『三国志』

を読んでいる生徒はたくさんいます。私も中学生の時に『三国志演義』を読み、大人になって横山光輝の漫画による『三国志』も読みました。その雄大なスケールと話の展開にワクワクしながら読みふけったものです。近年になって「『魏志倭人伝』とは『三国志』のことなのだ」と気づいた時は愕然としました。また、邪馬台国と『三国志』の物語の世界は、同じ年代だということがようやく理解されもしました。学校の授業で、『魏志倭人伝』は「よく知っている『三国志』の一部だ」と教えてくれていたなら、生徒の親近感は増し、理解も深まるはずです。私も中学・高校時代の古代史の勉強が退屈だとは思わなかったでしょう。

【一向一揆】

『魏志倭人伝』と同じように「えっ？　そうだったのか！」と思わされたのが一向一揆です。

室町時代中期から戦国時代にかけて、一向一揆が起きました。一揆は現在の北陸から中部、近畿地方というかなり広い範囲で発生し、北陸の加賀（今の石川県）や伊勢長島（三重県桑名市）などでは大規模な戦闘が繰り広げられました。一向一揆は、その後の江戸時代に起こった百姓一揆とはまったく異なり、宗教色が強く、一向宗による自治を目指した信者たちが中心となっていました。一揆勢は戦国大名の軍勢を打ち破るほどの戦闘力を持ち、やがて摂津国（せっつのくに）（現在の大阪府北部から兵庫県南部）の石山本願寺に本拠地を移して、織田信長と長期間にわたって対決しましたが、最後は信長に屈し、一揆は事実上終結しました。そして信長が倒れた後、天下を取った豊臣秀吉は石山本願寺跡に大坂城を築きました。

以上が学校で習う一向一揆の概要ですが、ここに出てくる「一向宗」という宗教または宗派は、現存するのか？　ということが気になって調べてみたら……、あらビックリ。一向宗とは、今の浄土真宗のことではないですか！　しかも浄土真宗は、衰微・消滅しているどころか、現在の日本で最多の信徒数と系列の寺数を持つ宗派です。

一向宗について教科書と授業で学んだ生徒は（少なくとも私は）、「一向宗は特別に戦闘的な宗教集団で、信長に弾圧され、特に長島や越前（福井県）では残虐な方法で皆殺しにされ、石山本願寺を失った後は壊滅して、現在は跡形もなくなり、その宗派は残っていない」というような錯覚に陥りやすいように思います。例の私の友人たちに聞いても同様でした。

そもそも一向宗という宗派の名称は、一向に（ひたすら）「南無阿弥陀仏」と念仏することを宗旨とすることから称された俗称のようなもので、戦国～江戸時代には「門徒宗」とも呼ばれていました。正式の宗旨名は前述のように「浄土真宗」ですが、この呼称が公に定着したのは明治以降のこととされます。なお、浄土真宗は鎌倉時代に「浄土宗」から分派したものです。

では、石山本願寺を明け渡した後の一向宗（浄土真宗）は、どうなったのでしょう？

織田信長と講和を結んだ法主の顕如（けんにょ）は、紀伊（和歌山県）の別院に退去します。羽柴（豊臣）秀吉が天下を掌握すると、秀吉とも和解して大坂に本願寺を再興します。その後、本願寺は京都に移転し、さらに西本願寺（浄土真宗本願寺派）と東本願寺（同、大谷（おおたに）派）に分かれながらも、浄土真宗自体は勢力を拡大して、現在は国内最大の宗派となっています。ちなみに、京都にある仏教系の大学である龍谷（りゅうこく）大学は西本願寺（山号が龍谷山）、大谷大学は東本願寺が設立した学寮を、それぞれ母体にしています。

というわけで、「一向一揆の一向宗とは、現在の浄土真宗のことである」と、教室で（あるいは教科書で）教えるだけで、生徒の歴史の勉強に対する理解は深まったでしょうし、少なくとも、「絶滅した過激な宗教だ」という誤解はしなくて済んだと思うのですが、いかがでしょう。

なお、現在、学校で使われている教科書では「『魏志倭人伝』は『三国志』の一部である」ことや「一向宗は、現在の浄土真宗のことである」ことを、ちゃんと明記しています（欄外に小さく書いてある場合もあります）。昔の教科書からは進歩したようです。したがって、かつて私たちが習った頃のような「知識の落とし穴」に陥ることは少なくなっています。

第10講　美術「色の名前」

完成したスカイツリーがライトアップされた時、その光の色「江戸紫(えどむらさき)」が話題になり、そんな色彩名があったことを思い出しました。江戸紫は濃い青みがかった紫で、関東平野に生えている紫草の根を使って染めた色です。これよりも少々赤みがかった紫は「京紫」と呼ばれています。

子供の頃に「えど・むらさき」といえば、食品会社・桃屋の海苔の佃煮「江戸むらさき」――同社のヒット商品で「ごはんですよ！」シリーズも人気――しか知らず、日本の伝統的な色の名前「江戸紫」を知ったのは大人になってからでした。ちなみに、佃煮「江戸むらさき」の商品名は、色の「江戸紫」に醤油の別名「むらさき」を掛けたものだそうです。

このように微妙な色彩を表わす色の名がありますが、学校で習う色の名前は、一般的なクレヨンや絵具にある基本色の12色くらいのものです。しかし世の中にはもっと多数の色の名があるわけで、それらの色と色名を覚えるのは、服飾やデザインなど「色」に関係した仕事をしているか、よほど色彩に関心がある人でなければ、案外と大変なことです。

色彩を含め美術に関心の薄かった私は、ずいぶんと長い間、小学校の時の絵具セットにある色のほかには、ほんの少しの色を知っている程度でした。そのため、大人になってからも、洋服を買いにいったお店の店員さんから「このチャコールのスーツはいかがですか？」と言われて、初めてその色がチャコールという色名であることを知った始末。しかも頭の中に「茶コール」という文字を並べてしまったために、「どう見ても茶系の色ではないのに、なぜ、茶コールなんだろう？」と、無意味な疑問のアリ地獄にはまっていきました。

色の名前には、赤・青・黄・緑・白・黒など単語（あるいは漢字）そのものが色を表わすものと、橙色・水色・藤色・ネズミ色など、その色をイメージさせる代表的なものを使って表現した色名とがあります。前者は問題ないのですが、後者はそう簡単ではありません。色は分かるけれども、色名の元になっているものが分からないことがあるからです。それは、日頃からよく見聞きしているポピュラーな色にもあります。例えば、以下のような色です。

茶色：第19講「お茶」でも触れますが、酸化したお茶の葉の煮汁を染料として染められた色であることから、この色名があります。

黄土色：赤みがかった黄色、あるいは黄色がかった茶色。黄土とは、中国の黄河中上流域などに分布する堆積性の土壌のことですが、黄河流域の黄土は一般に、もう少し白っぽい色だそうです。

群青色：ぐんじょういろ。鮮やかな濃い紫がかった青。群青というのは青の集まりという意味で、鉱物性の青色顔料の名前でもあります。

ベージュ色：薄い黄色がかった茶色。英語のベージュ［beige］は、染色する前の毛織物（つまり羊毛）のことです。

葡萄色：「ぶどう色」ではなく「えび色」と読みます。やや紫を帯びた暗い赤です。「えび」は、山ぶどう（エビカズラ）の古名で、その実の色が「えび色」です。「エビ茶色」という場合は「海老茶色」と書かれ、「えび色」とは別の色です。「海老茶色」は伊勢海老の甲羅の色のことで、「えび色」よりもやや明るい茶色になります。

チャコールグレー：黒に近い灰色。もちろん「茶コール」ではありません。チャコール［charcoal］は消し炭、木炭のことです。

茜色：あかねいろ。わずかに黄色みを帯び、やや黒ずんだ赤。茜は山野に自生するつる性の多年草です。夏から秋にかけて白または薄いピンクの小さな花が咲き、根は染料や止血の薬として用いられます。この根が赤いことから、赤根→アカネの名があります。

緋色：ひいろ。火のような濃く明るい黄みがかった赤。「緋」は赤い絹という意味です。ちなみに、緋色は英語で「スカーレット」で、シャーロック・ホームズシリーズの第一作「緋色の研究」（コナン・ドイル）の原作名は「A Study in Scarlet」です。

セピア色：黒ずんだ褐色。古い色あせた写真の色を表現するのに用いることが多いです。英語の［sepia］はイカの墨。あるいは、イカ墨からつくる暗褐色の絵具のことです。

褐色：「褐」の字は「粗末な着物、身分が低い人の着物」を意味します。平安時代に公家を警護する武官や兵士など身分が低い者が着用した服を褐衣（かちえ）といい、その褐衣の色が茶色系の色だったことに由来しています。

浅葱色：あさぎいろ。青みがやや強い、薄い緑青色。ネギの一種である浅葱（アサツキ）の葉の色。

「葱」の字は「き」とも読み、「き」はネギの古名です。

カーキ色：黄色に茶色あるいは深緑が混じった色。戦時中には国防色ともいっていました。英語のカーキ［khaki］は、カーキ色およびカーキ色の軍服という意味の語ですが、元々はペルシャ語やヒンズー語の「土埃（つちぼこり）」を表わす言葉だったようです。植民地時代のインドに駐留していたイギリス軍の軍服がこの色であったため、現地の言葉「カーキ」からその色の名前になった、とされています。現在でも多くの国の陸軍が、この色の軍服を採用しています。

臙脂色：えんじいろ。黒味を帯びた濃い赤。臙脂はカイガラムシ（昆虫）の一種から採集される赤色染料のことです。

朱色：黄色の混じった赤。ご朱印船、朱印状、朱塗りの門などがあるように、古くから権威の象徴とされています。「朱」とは水銀を採る辰砂（しんしゃ）という鉱石に含まれる硫化水銀［HgS］のことで、古くから赤色の顔料として使われてきました。ちなみに、その朱を盗むために穴を掘る男を描いたのが、司馬遼太郎の短編小説『朱盗』です。

第11講　音楽「唱歌の歌詞」

子供の頃、童謡や小学校の唱歌を聞いたり歌ったりしたものの中に、いま思うと恥ずかしくなるほど聞き違いや覚え間違いがありました。友人たちに昔を思い出して「告白」してもらったら、出てくる、出てくる……。

そのうちの一つが、『仰げば尊し』で、「♪我が師の恩」が「♪和菓子のオン」に聞こえちゃったというものです。

これはもう、ほとんど冗談みたいですが、当時小学生だった友人は、さらにご丁寧なことに「和菓子のオン」は「和菓子の餡（あん）」の間違いではないかとも考えつつ「それにしても、不思議な歌だ」と思っていたそうです。

また「♪……思えばいととし　この年月　今こそ別れめ……」この部分も「思えば愛（いと）しい　この年月　今こそ分れ目」と思った人は（私を含め）多いようです。正しくは、「いととし」は「いと疾し＝たいへん早い」、「別れめ」は古文の「こそ〜め」のかかり結びで「別れましょう」という意味ですよね（念のため）。

勘違いしやすい曲はいろいろありますが、その中でも「アルプス一万尺」は最もポピュラーな例のようで、次のように聞き違いするようです。

○……アルプス一万尺　小槍の上でアルペン踊りを……

×……アルプス一万尺　**子ヤギ**の上でアルペン踊りを……

原曲は「Yankee Doodle（ヤンキー・ドゥードゥル）」というアメリカ民謡で、アメリカ独立戦争の時にはアメリカ軍兵士が軍歌として歌っていました。Doodleは、愚図や馬鹿といった意味・語感のようです。これに日本で歌詞をつけ、登山の歌として一般に広がったものが「アルプス一万尺」です。歌詞の2番に富士山が登場することからも、曲はともかく、歌詞は日本で付けられたことが容易に分かります。歌詞は、1番から29番まである大変長いものです。作詞者は不詳ですが、おそらく複数の登山愛好家たちが、思い思いに歌詞を持ち寄ったのではないかと思われます。

当然、ここで歌われるアルプスもヨーロッパ・アルプスではなく、日本の北アルプス（飛騨山脈）のことです。また「小槍」というのは、槍ヶ岳（３１８０メートル）の頂上のすぐ横にある、小さく突き出た峰のことです。槍ヶ岳の本峰を「大槍」というのに対して、こう呼ばれています。小槍の標高は３１００メートルなので、ほぼ1万尺になります。もっとも、尖がっている小槍の頂上は狭いので、アルペン踊りを踊ることは困難ですし、極めて危険です。

　この小槍を知らないために「子ヤギ」と聞こえてしまうわけで、ついには白く輝く峰々を背景に、アルプスの少女ハイジが、可哀そうな子ヤギの背中に立って踊っている奇妙な景色さえ想像してしまいます。小槍の意味が理解できれば、ハイジはそんな酷いことはしていないし、子ヤギもいじめられてはいないことが分かり、一安心です。

　このほか、こんなものもありました。

『君が代』○……さざれ石の　巌となりて
×……さざれ石の　**岩音　鳴りて**

『浦島太郎』○……陸（おか）に戻れば　こは如何（いか）に
×……陸に戻れば　**怖い蟹（かに）**

『赤い靴』○……赤い靴　履いてた　女の子　異人さんに連れられて
×……赤い靴　履いてた　女の子　**いい爺さん**に連れられて

図３　槍ヶ岳の小槍：頂上のすぐ横にある、上につき出た岩

『故郷（ふるさと）』○……うさぎ　追いし　かの山
×……うさぎ　美味しい　かの山

　このような間違いは、歌詞を耳から聞くだけで覚えようとすることに原因がありますが、小学校の低学年の時の音楽の教科書の楽譜の歌詞が、ほとんど「ひらがな」で書かれていたことも、このような勘違いを引き起こしたようです。勘違いしそうな歌の歌詞については、学校の先生も教えてくれればよさそうに思うのですが……。まあ、それはとにかくとして、どうですか？　子供の頃、「可哀そうな子ヤギ」や「怖い蟹」「美味しいウサギ」などを頭の中で飼っていませんでしたか？

『アルプス一万尺』歌詞

1番：アルプス一万尺　小槍の上で　アルペン踊りを　踊りましょう
2番：昨日見た夢　でっかい小さい夢だよ　蚤がリュックしょって　富士登山
3番：岩魚釣る子に　山路を聞けば　雲の彼方を　竿で指す
4番：お花畑で　昼寝をすれば　蝶々が飛んできて　キスをする
5番：雪渓光るよ　雷鳥いずこに　エーデルヴァイス　そこかしこ

（以下、略）

第12講　社会「合衆国」

アメリカという国があります。日本とは経済的にも外交の上でも、また、近現代史においても最も関係の深い国です。そのアメリカは、正式には「アメリカ合衆国」と呼ばれます。また「合衆国」というと、通常、アメリカのことを指します。

では、この「合衆国」とは、そもそも何なのでしょう?

今でも覚えていますが、アメリカ合衆国について、中学校の社会の先生が授業でこのような説明をされていました。

「アメリカは、建国の時から自由、民主主義、幸福の追求をその精神として掲げ、人種の違いがあっても多くの人たちが力を合わせて一つの国を形づくってきたことから、唯一『合衆国』と名乗っています。『衆』というのは、多くの人々という意味の言葉で、今でも国民には、白人・アフリカ系・アジア系人種などさまざまな人々がいて、人種のルツボといわれています」

さらに先生は、「アメリカがイギリスからの独立後、短期間のうちに世界最大の経済力と軍事力を手にするようになったのは、人種の違いを超えて協力し合ってきたからです」とも解説されていました。

中学生だった私は、「なるほど、『合衆国』とは、そういう意味だったのか」と大いに納得しました（このような説明は、現在でもネットや書物で時々見かけます）。

しかし、その後、高校・大学、さらに社会人となって、地理や歴史の勉強を積み上げていくと、あの中学の時に聞いた説明の奇怪さに気づくようになります。

まず、確実に間違っているのは、「唯一アメリカだけが『合衆国』だ」というところです。なぜなら、メキシコも合衆国といっているからです。日本の外務省のホームページでも、「メキシコ合衆国」と表示されています。

次に、「合衆国と名乗っている」という点が問題です。当たり前のことながら、アメリカという国が「合衆国」と名乗っているはずがありません。彼らが名乗っているのは「The United States of America」であって、漢字で書く「合衆国」は日本側によって表記された「United States」に対する日本語訳に過ぎないということです。当然の話です。

また、「人種の違いを超えて協力し合ってきた」というのも、言い過ぎでしょう。奴隷が解放されたとされる南北戦争後も、アフリカ系やヒスパニック系の人たちを虐げてきたのが実態です。

「合衆国」とはどういう意味なのか……、これについては昔から多くの研究者によって諸説が唱えられてきたのですが、実は、本当のところはよく分からない、というのが答えのようです。

しかし、とりあえず「合衆国」が「United States」の日本語訳であるというのなら、二つの単語それぞれの意味を改めて辞書で調べてみましょう。

「united」を引くと、その意味はこう書いてあります。

①一つになった、結合された、結ばれた
②合併した、連合した
③提携した、団結した　など

「State」は、次のとおりです。

①状態、様子、ありさま、事情、形勢
②地位、身分、階層、階級、（特に）高い地位
③（主権を有する）国家、国、（church に対する）国家、政府
④（米国・オーストラリアなどの）州、州当局、州政府　など『講談社英和辞典』

この単語の意味からすると、「アメリカ連邦」あるいは「アメリカ連合」と訳すのが分かりやすいように思われます。実際、外務省のホームページでもアメリカ合衆国の政体を「連邦制（50州他）」と記しています。

そこで今度は国語辞典を見てみると、次のように書かれています。

「衆」の字の意味は、
①人数の多い。数が多い。
②多くの人。人人。もろもろ。
③ある集団を形づくる人々。『岩波国語辞典』

「合衆」とは、
多くの人や物などが集まって一つになること。連合すること。『三省堂大辞林』

そして「合衆国」については、
二つ以上の国家が連合してできた、単一の国家。構成各国家には外交権はない。アメリカ合衆国をさすことが多い。『岩波国語辞典』

やはり「連邦」か「連合」と同じような意味として捉えています。アメリカは50の州が集まった連邦制の国なのですから当然でしょう。そうであるなら「アメリカ合衆国」といわずに「アメリカ連邦」なり「アメリカ連合共和国」とでも称したらよさそうに思います。実際、アメリカは連邦国家なのですから。

連邦制を採っている世界の国々の国名を見てみると、ブラジル連邦共和国、スイス連邦、ロシア連邦などがありますが、どれも「連邦」であって「合衆国」といっている国はありません。

このような意味から諸説の中に、「合衆国」は江戸時代末期に「合州国」と書くべきところを誤り、それがそのまま現在まで残ったものだ、とする考えもあるようです。

この「合衆国」という表現が公式な記録として見える最初の頃のものには、「嘉永六年六月合衆國の水師提督彼理軍艦を帥ひ來つて和親互市を乞ふ」という幕府の記録と、その後の1858（安政5）年に江戸幕府とアメリカとの間に結ばれた「日米修好通商条約」があります。1853（嘉永6）年にペリー艦隊が浦賀沖に現れた5年後、アメリカ側の強硬な態度に抗しきれず、天皇の勅許を得ることなく締結した条約です。これが尊王攘夷派を激高させ、やがて桜田門外の変へとつながっていきます。

「合衆国」はUnited Statesの訳語として、ペリー艦隊が日本にきた時から修好通商条約が取り交わされるまでの間に、幕府の役人が考案したもの、との説があるようです。しかしペリー来航以前の鎖国中でも、アメリカという国の存在は長崎・出島を通じて知られていたわけですから、もっと古い時期に幕府の役人か学者によって使われていたと考えるべきでしょう。あるいは「合衆」は、中国の古典「周礼」に出ている言葉だそうなので、中国（清国）においてこれをUnited Statesの訳語として当て、それが日本に輸入されたのかもしれません。

また「合衆」の意味については、福沢諭吉が著書『文明論の概略』で「合衆政治」というものに言及し、その長所と短所について歴史上の例を挙げながら説明しています。その中に次のような記述があるので参考になります。

「今、人民同権の新説を述る者あれば、古風家の人はこれを聞て忽ち合衆政治の論と視做し、今、我日本にて合衆政治の論を主張せば我国体を如何せんといい……」（第1章　議論の本位を定る事）

「合衆政治を公平なりとする所以は、その国民一般の心を以って政を為し、……略……合衆政治にて代議士を撰ぶに、入札（いれふだ）を用いて多数の方に落札するの方あり」（第3章　文明の本旨を論ず）

「初め羅馬(ローマ)の国を建るや、幾多の市邑、合衆したる者なり……略……この衆市邑の内には、各自個の成法ありて……」（第8章　西洋文明の由来）

これらの内容から、「合衆」というのは、国民の意思を反映した民主主義に基づく政治を、選挙で選ばれた議員の議論によって行うこと、また自治法を持つ地域の集合体だと言っているようです。

以上を総合して考えると、江戸幕府か中国において"The United States of America"の訳語を考案する際、「United States」が持つ本来の「連邦」という意味よりも、福沢諭吉が記しているような「民主主義」という政治形態に重点を置いて「合衆」の字を当てたのだと思われます。そうでなければ、わざわざ「衆」の字を入れた説明が成り立たないと考えられます。当然、「合州国」を「合衆国」と書き間違えたわけではないでしょう。

民主主義国家（共和国）というのは、当時としては極めて珍しい存在だったはずで、清国や朝鮮はもちろん、日本近海に来航していたスペイン、ポルトガル、イギリス、オランダ、ロシアなどすべての国が君主制の国々でした。

そのような意味から、私の中学校時代の先生が行った説明がまったく的外れだったとも言い切れない部分があります。

以後、「United States」と称する国には「合衆国」の訳語を当て、現在ではアメリカとメキシコ（United Mexican States）だけが合衆国と呼ばれています。ちなみに、主な連邦制の国の英語表記と日本語表記は、次のようになっています（外務省の公式ホームページ）。

Federal Republic of Germany（ドイツ連邦共和国）
United Arab Emirates（アラブ首長国連邦）
Swiss Confederation（スイス連邦）
Russian Federation（ロシア連邦）
Federative Republic of Brazil（ブラジル連邦共和国）
United Kingdom of Great Britain and Northern Ireland
（グレートブリテン及び北アイルランド連合王国＝イギリスの正式名）

…………………………………………………………

《参考》『日米修好通商条約』
Treaty of Amity and Commerce (United States - Japan)
日本國亞墨利加合衆國修好通商条約并貿易章程

帝國大日本大君と亞墨利加合衆國大統領と親睦之意を堅くし且永續せしめん為に、兩國の人民貿易を通ずる事を處置し、其交際の厚からん事を欲するが為に、懇親及び貿易の條約を取結ぶ事を決し、日本大君は其事を井上信濃守岩瀬肥後守に命じ、合衆國大統領は日本に差越たる亞墨利加合衆國のコンシユル・セネラール・トウンセント・ハルリスに命じ、雙方委任の書を照應して下文の條々を合議決定す。

第一條

向後日本大君と亞墨利加合衆國と世々親睦なるべし。

日本政府は華盛頓に居留する政事に預る官人を任じ、又合衆國の各港の内に居留する「取締の役人及び貿易を處置する役人を任ずべし。

（以下、略）

……………………………………………………

第13講　算数「単位の呼び名」

十年ほど前、東海道新幹線の列車から見える景色や沿線の歴史などについて解説した『新幹線車窓の発見！』という本を書きました。その本の原稿を書くために、何年も前から鉄道関係の書物を調べていたのですが、そういう中で「パーミル」という言葉に出会いました。この場合のパーミルというのは線路の勾配を表わす単位で、水平方向に1000メートル行って高さ1メートル上昇する坂道を「1パーミルの登り勾配」といいます。記号は「‰」と書きます。

それまで私はよく知らなかったのですが、このパーミル（permil）は鉄道の専門用語ではなく、一般に使われる割合を表現する単位で、日本語では千分率だとか千分比などとも言われます。百分率つまりパーセント（%、percent）なら小学校で習うので知っていますが、もう一つ桁の小さい千分率というものがあることは知りませんでした。

その時、もう一つの理解していなかったことに気づきました。パーセントという用語の成り立ちが、「パー／セント（per/cent）」であることです。パーミルなら「パー／ミル（per/mil）」です。

そもそも、パーセントは「百分率、つまり100に対して」という意味であるので、そんなもの当たり前じゃないか、と言われるかもしれません。しかし、小学校で習った時には、「パーセント」という一塊りの語として教えられ、しかも当時は英語の知識がなかったので、「パーセント」=「パー」+「セント」とは理解できません。その後、中学校以降の英語の学習の中で、perという単語は「〜について」、centという単語は「セント、1ドルの100分の1」という意味であることは学びますが、両者が合体したものが「パーセント」であるとは、容易に考え至りませんでした。「cent」といえば、「cent」が1メートルの百分の一である1センチメートル（centimeter）の「centi（センチ）」と同義であることも、認識できたのは情けないことに大人になってからでした。

広さの単位を表わす用語に「アール（a）」と「ヘクタール（ha）」があります。小学校で習ったように、「アール」は1辺が10メートルの正方形の面積です。これに対して「ヘクタール」は1辺100メートルの正方形です（これを、大人になったら忘れてしまっている人が、案外たくさんいます）。1アールは10×10メートルですから100平方メートル。1ヘクタールは100×100メートルですから10000平方メートルです。したがって1ヘクタールは1アールの100倍の面積です。ここで気づいてほしいのは、1ヘクタールの「h」は「ヘクト（hecto）」で、100を表わす単位接頭語だということです。つまり「ヘクタール」=「ヘクト」+「アール」として合成された語なのです。前述の「パーセント」と同じように、学校では一塊りの語として教えます。児童は「h」の意味を理解することなく、ただの暗記で覚えるため、大人になったら忘れてしまうのです。

「ヘクト」といえば、天気予報で使われている「ヘクトパスカル（hecto pascal、hPa）」があります。パスカルは、気圧などの圧力を表わす単位で、1ヘクトパスカルは100パスカルです。1992（平成4）年までは、気圧の単位として「ミリバール（millibar、mbar）」を使っていましたが、国際的な単位呼称の統一で、同じ圧力量を表わすヘクトパスカルが使われるようになりました。1ミリバール＝1ヘクトパスカルです。1ミリは1000分の1という意味ですから、1000分の1バール＝100パスカル。したがって1バール＝10万パスカルということになります。

次に容積です。「ℓ」、「dl」、「ml」、「cc」などがありますが、このうちの「dl（デシリットル）」の「d（deci、デシ）」は10分の1を表わす単位接頭語です。ほかにこの「デシ」が使われ、我々が耳にするものとして「デシベル（decibel、記号は「dB」）」があります。騒音レベルなどを示す単位として使われますね。これも音の強さや振動などの比を表す「ベル」の10分の1を表わす単位です。

ミリリットル「ml（mili-litter）」とまったく同じ体積である「cc」は、普段の生活でもよく使う単位です。この「cc」も小学校で習うのですが、二つの「C」が何の意味なのかは教えてくれません。これはキュービック・センチメートル（Cubic Centimeter）の頭文字で、そのまま文字どおり「立方センチメートル」という意味です。

このように、小学生の時から使い、慣れ親しんでいた単位とその記号の意味を、改めて見直してみるのも案外と面白いものです。

これらの単位呼称のうち、キロ、デシ、センチ（セント）、ミリなどは、国際単位系（The International System of Units「略してＳＩ」）という国際的な共通ルールとして決められている単位の「接頭語」です。また、最近のＩＣや科学技術の進歩で、メガ、ギガやナノなど、これまで一般の生活ではあまり関わりがなかった単位の用語を見聞きすることが増えていますが、これらもそうです。

表5　国際単位系

記号	読み		意味	記号	読み		意味
da	deca	デカ	10倍	d	deci	デシ	10分の1
h	hecto	ヘクト	100倍	c	centi	センチ	100分の1
k	kilo	キロ	1000倍	m	milli	ミリ	1000分の1
M	mega	メガ	100万倍	μ	micro	マイクロ	100万分の1
G	giga	ギガ	10億倍	n	nano	ナノ	10億分の1
T	tera	テラ	1兆倍	p	pico	ピコ	1兆分の1

学校では、このような単位呼称（接頭語）を体系立てて理解させることなく、個々に教えています。ここでも「詰め込み型」の暗記になっているように思います。「dl」という単位を教える時に、「d」という接頭語の意味とともに、それが国際単位系の中のどの位置にあるかを説明してやれば、理解は一層深まると思うのですが、どうでしょう？

余談です。音楽の「オクターブ（octave）」は、例えば「ド」からもう一つ上の「ド」までの8度の音程を表わす音楽用語ですが、元々は「オクト」＋「エイブ」で、ラテン語の「octavus」が語源だそうです。そして接頭語の「octo」は8を意味します。英語のoctopus（オクトパス・蛸）も同様です。タコには足が8本ありますね。

第14講　伝記「野口英世」

小学校での読書といえば、偉人について書かれた伝記物が定番です。優れた業績を残した昔の人について書かれた本を読んで、地道な努力や世の中に貢献することの大切さを学んでいきます。

文部科学省の「新学習指導要領（２０１１年）」でも、国語科の「第5学年及び第6学年」には、「読むことの能力を育てるため」に「伝記を読み、自分の生き方について考えること」と記されていますし、昔から学校の図書室には伝記の本が数多く置かれています。

その代表的な伝記の一つが「野口英世」です。小学校学習指導要領（6年生の社会科）にも、野口英世を「取り上げるべき人物」の一人として掲げています。

小学校学習指導要領［第6学年］

例えば、次に掲げる人物を取り上げ、人物の働きや代表的な文化遺産を通して学習できるように指導すること。

卑弥呼、聖徳太子、小野妹子、中大兄皇子、中臣鎌足、聖武天皇、行基、鑑真、藤原道長、紫式部、清少納言、平清盛、源頼朝、源義経、北条時宗、足利義満、足利義政、雪舟、ザビエル、織田信長、豊臣秀吉、徳川家康、徳川家光、近松門左衛門、歌川（安藤）広重、本居宣長、杉田玄白、伊能忠敬、ペリー、勝海舟、西郷隆盛、大久保利通、木戸孝允、明治天皇、福沢諭吉、大隈重信、板垣退助、伊藤博文、陸奥宗光、東郷平八郎、小村寿太郎、野口英世

実際、私の友人たちに聞いてみても、野口英世の伝記を読んだことのない人はおらず、やはり「野口英世」は最もポピュラーな伝記だと考えられます。

人物として取り上げられるのは学校教育の場だけではなく、日本の社会の中でも野口英世は格別な取り扱いを受けています。例えば、千円札に彼の肖像が描かれています。現在の野口英世のお札は、それまでの夏目漱石から替わり、2004（平成16）年11月に発行されたものです。切手に至っては、日本政府は2回も野口英世の肖像のものを発行しており、最初は1949（昭和24）年の8円切手。2008（平成20）年には「第

図4　昭和 24 年発行の8円切手

1回野口英世アフリカ賞記念」80円切手を出しています。２００８年の記念切手は、野口英世没後80年の節目に日本政府が創設した、アフリカにおける医学研究・医療活動を対象とする、新たな国際的な賞「野口英世アフリカ賞」を記念するものでした。

このように、私たちは学校の授業から一般の生活の中まで、野口英世に接する機会が多いのですが、では、野口英世は何をした人かというと、これが案外と正確に答えられないのです。

友人や知人に「野口英世はどういう偉業を残した人か」と訊ねてみたところ、次のようなさまざまな答えが返ってきました。

①貧しい家庭に生まれたけれど、頑張って勉強して医者になった人。
②アフリカで病気の研究をしていたら、その病気に罹って死んだ人。
③アメリカで医学の研究をした人。
④小さい時に囲炉裏（いろり）に落ちて、手に火傷を負った人。
⑤はて、何をした人だっけ？　あっ、そうそう、千円札になった人。

有名な国家的偉人に関することであっても、子供の頃の記憶と意識というものは、こんなものであるようです。④と⑤は論外としても、そのほかはそれぞれ間違ってはいません。しかし、「どういう偉業を残した人か?」という質問の答えとしては十分でなく、不適切です。これくらいの内容（業績）で、お札や切手の肖像に使われたりはしないでしょう。

そのような中でも、比較的多い答え（とはいっても、半分以下の割合）がこれでした。「黄熱病の病原体を発見し、その治療法を確立して多くの人々を救った人」

いかにも「正解！」という感じですが、実はこれが問題なのです。野口英世は黄熱病の病原体を発見していないし、治療法も見つけていないからです。

しかし、昔（子供の頃）読んだ伝記には、「野口博士は、中南米とアフリカの風土病である黄熱病の病原体を発見し、多くの人々を病気から救いました」と書かれていたように思います。友人たちの答えも、その記憶があるからです。

これは一体、どういうことなのでしょう?

福島県のほぼ中央に位置する猪苗代湖。1876（明治9）年、その湖畔の農村で野口英世（幼名は清作）は生まれました。1歳5か月の時に、自宅の囲炉裏に落ちて、左手に大火傷を負い、指が癒着して不自由な体になってしまいます。その指は8歳と16歳、さらに21歳の時の3回にわたる手術により、手の不自由さは大きく改善されます。この8歳の時の手術が医者を目指す動機となったとされています。

小学校への入学以降、野口英世は明晰な頭脳に加えて寝る間も惜しんで勉強し、高等小学校を優等で卒業します。その後、２度目の手術を受けた会津若松の会陽医院に書生として入門。20歳の時に上京し、翌年には医師の国家試験に合格しました。病院の医師や伝染病研究所助手、横浜海港検疫所の検疫医官補として勤務した後、１９００（明治33）年に渡米します。24歳の時でした。

アメリカでは、ペンシルベニア大学の助手を経て、１９０４（明治37）年にロックフェラー医学研究所の一等助手になり、以後、病原体の研究に取り組んでいきます。野口の研究姿勢は、研究所の同僚たちも驚くほど熱心かつ緻密で、やがて多くの医学上の業績を積み上げていくことになります。その業績の主なものは、次のとおりです。なお、これらによってノーベル賞の候補にもなっています。

１９１１（明治44）年：梅毒スピロヘータの純粋培養に成功。
１９１３（大正２）年：梅毒患者の脳中から梅毒スピロヘータを検出。
１９１８（大正７）年：南米エクアドルに赴き、黄熱病の病原体を発見したと確信。
（翌年、黄熱病の病原体に関する論文を発表）
１９２６（大正15）年：オロヤ熱病原体についての論文を発表。
１９２７（昭和２）年：トラコーマ病原体について論文を発表。

前述のように黄熱病の「病原体の発見」は、伝記などでは野口英世の有名な功績であるように書いてあります。しかし、現在の世界的な認識では、南アフリカ出身で野口と同じアメリカのロックフェラー医学研究所の研究員であったタイラーが、1930年代に黄熱ワクチンを開発し、1950年代にようやくその病原体が確認されたとされています。

1918（大正7）年に野口が発見したのは黄熱病の病原体ではなく、黄熱病と似た症状を起こすワイル病（黄疸出血性レプトスピラ病）の病原体（スピロヘータ）だったようで、野口の誤認でした。なお、ワイル病の病原体は、1914年に日本の稲田龍吉（九州帝国大学教授）によって、すでに発見されていました。

そもそも黄熱病の病原体は、細菌（1～5マイクロメートル：1マイクロメートル＝100万分の1メートル）やスピロヘータよりも小さいウイルスで、その大きさは40～50ナノメートル（1ナノメートル＝10億分の1マイクロメートル）です。野口英世が研究していた当時、使われていた顕微鏡は「光学顕微鏡」で、見ることができる大きさは200ナノメートルが限界だとされますから、黄熱病の病原体を発見することは不可能だったわけです。ウイルスでも見ることができる「電子顕微鏡」が開発されたのは1930年代。一般に活用されるようになったのは1950年代になってからのことでした。

結果として、野口英世の「黄熱病の病原体発見」は間違っていたわけですが、これ以外にも梅毒スピロヘータの純粋培養やトラコーマ病原体の特定についても、現在では彼の研究発表の内容が誤りであった（あるいは不確実）、とする見解が一般的になっています。このため、野口英世の「偉業」に対する評価は少々翳（かげ）りつつあるのが実態です。

とはいえ、1913年の「梅毒患者の脳中からの梅毒スピロヘータ検出」などは、今でも高く評価されており、日本が生んだ偉大な細菌学者であることには変わりがないでしょう。

それにしても、私が野口英世の伝記を読んだ1960〜1970年代には、すでに電子顕微鏡によって黄熱ウイルスが確認され、したがって、野口の黄熱病の病原体発見は誤りだったことが明確になっていたはずなのに、どうして、伝記には野口英世の代表的な実績として掲げ続けていたのでしょう？　奇妙な話です。

1928（昭和3）年5月21日、野口英世は英領西アフリカ（現在のガーナ・1957年に英国から独立）のアクラで黄熱病の研究中に、その黄熱病にかかって死んでしまいます。51歳でした。

この劇的な死は、生前から日本の英雄としてもてはやされていた「偉人」の物語を一段と盛り上げます。そして、逆境を克服して勉学に励んだ教育上の理想的な人物として、彼は教科書などに掲げられます。そして「偉人」は、その後もずっと「黄熱病原体を発見した人」であり続けることになったのです。それが科学的事実を歪めていても。

さて、最近の「伝記・野口英世」は、どのような取り扱われ方をしているのかについて、調べてみました。これについては、全国学校図書館協議会の調査結果を報道している、2010（平成22）年の朝日新聞の記事が参考になります。

その記事によると、小学4～6年生の児童が読む伝記の人気ランキング（上位の5人）が、約30年前（1977～1979年）は、

①野口英世、②エジソン、③ヘレン・ケラー、④ベーブ・ルース、⑤ナイチンゲール

であったのが、調査時（2007～2009年）では、次のようになっています。

①ヘレン・ケラー、②ナイチンゲール、③マザー・テレサ、④織田信長、⑤エジソン

かつて首位だった野口英世がいなくなっています（ベスト10にも入っていません）。上位3人までを女性が占めているのが目を引きます。これは男の子よりも女の子のほうが伝記を多く読む傾向にあるからだと、記事では解説しています。

書店の店頭や図書館の児童コーナーを見ても、野口英世の伝記本を置いていない所があります。また、少ないながらも書店で売られている野口英世の伝記本は、1990年代までに発行され、その後重版されているものが多く、新刊本はほとんどないようです。

なお、「黄熱病原体の発見」については、児童用の伝記にも、野口英世の間違いであったことがハッキリ書かれているか、あるいは、間違っていたことを婉曲ながら表現するなど、いずれにして

も、事実が書かれるようになっています。

かつて、克己・努力して偉大な業績（黄熱病菌の発見）を残し、人格的にも優れ、偉人伝の対象として理想的とされた野口英世ですが、今では伝記本の対象として人気が下降しています。その理由として、野口英世が（実際は）金・酒・女にだらしなく、最高の業績が「脳からの梅毒スピロヘータ検出」では、学童向けの本には書きにくいという事情にあると思われます。

わが国の千円札に肖像が描かれているほどの人物であることを勘案すると、かなり意外な感じがします。

第15講　国語「諺」

普段よく聞いたり使ったり、あるいは学校の授業で出てきた諺（ことわざ）でも、実は正確に意味を把握していないいだとか、間違って覚えていることがあるものです。

例えば、「灯台もと暗し」という諺があります。灯台のすぐ下が暗いように、身近なことは意外に分かりにくい、という意味に使いますね。

まことに恥ずかしい話ですが、私は近年まで、この「灯台」は船の航海の安全のために海を照らす「海の灯台」のことだと思っていました。これは間違いで、正しくは昔の室内照明器具のことだったのです。背の高い支柱の上に油が入った皿を置いた台があり、その油に火を灯すものが時代劇などに出てきます。あれが「灯台」なのです。その灯台の上の油皿が灯台の足元に影をつくるので、そこだけ暗いのです。

照明器具の灯台も、海の灯台も、同じ「灯台」の字を書くた

図5　灯台

め間違いやすく、かつ疑問にも思わないのです。

しかし、「どちらの灯台であっても、諺としてちゃんと意味が通じるからいいじゃないか」と思うかもしれません。最初は私もそうでした。でも、よく考えるとそうではないことに気づきます。照明器具の灯台であれば、周囲（つまり室内）は明るくて、足元だけが暗いという諺の意味にふさわしい状態となります。

一方、海の灯台の場合は、光が照らす遠くの一点だけは明るいかもしれませんが、そのほかのほとんどの周辺は暗いままです。灯台の足元だけが暗いという状況にはなりません。そもそも海の灯台は、周囲を明るく照らすものでも、サーチライトのように光を照射して何かを探すためのものでもありません。遠方から灯台を見て、その周辺に岬や岩礁などがあることを知るための設備です。

やはり、この諺には「海の灯台」ではなく、「照明器具の灯台」でなければならないのです。

私は何十年も覚え違いをしていたわけですが、ここで、ちょっとだけ言い訳をすると……、私が小学生の時に使った中学受験のための「権威ある」参考書には、この諺の横に「海の灯台」のイラストが添えられていました（誠にご親切なことです）。また、小学校の先生も「海の灯台」を使ってこの諺を説明しておられました（お陰で、中年になってから真実を知り、新たな感激を経験させていただきました）。素直な優等生だった（↑過去形）子供の頃の私が、疑うはずなく覚えてしまうのは仕方ないことでしょう。

もっとも、世の中には「灯台もと暗し」ではなく、「灯台もと暮らし」だと信じ込んでいた人もいるので、まあ、それよりは罪が軽いとは思いますが。

ちなみに、その「灯台もと暮らし」とは、どういう意味だと思っていたのかと、知人本人に尋ねてみたところ、この創造的な答えが凄い。彼曰く、「（海の灯台のように）目立った人の傍に隠れた、ひっそりとした存在」。ここまでくると、言い得て妙で、秀作の部類に入るのかもしれません。

ついでながら、「海の灯台」のイラストのように、教科書やその他の本などで、読者（たいていは子供たち）を誤解させる、あるいは誤解を助長する挿絵が時々あります。当然、本の作者自身が誤解しているために間違えているのです。

その例の一つが「うさぎとかめ」です。

童謡「うさぎとかめ」の歌詞の二番は、「なんとおっしゃるウサギさん……向こうのお山の麓まで……」となっているのですが、私の子供の頃の歌の本には、なぜかカメが山の頂上で1等賞の旗を持ちながらバンザイしている絵が描かれていました。読んでいる子供たちは、つい、山の麓ではなく頂上まで競争したのだと思い込んでしまい、そのまま大人になるまで（場合によっては、大人になっても）気がつきません。

話を諺に戻します。「灯台もと暗し」のパターンとは異なり、諺の意味そのものを取り違えて理解することもあります。

その代表例が「一姫二太郎」でしょう。この諺は「最初に生まれた子供が女の子で、次が男の子であると、親としては育てやすい」という意味です。ところが、「子供をつくるなら、女の子1人、男の子2人が望ましい」という意味だと勘違いしている人が少なくないようです。ついでながら、世の中には「一姫・二太郎・三なすび」と言う人がいるらしいですが、これはもう論外。「一富士・二鷹・三なすび」とゴチャ混ぜになっていますね。


これら以外にも、以下のように意味や字を取り違えて覚えてしまいやすい言葉は、多々あります。


【意味の取り違え】

情けは人の為ならず
○：他人に親切にしておけば、やがて自分に良い報いとなって戻ってくる（ので、親切にすべきだ）。
×：親切にするのは、結局その人のためにならない（ので、親切にすべきでない）。

［字の間違いが原因で、意味が変わった例］

○：果報は寝て待て：幸運は、あせらずに時機がくるのを待て。
×：家宝は寝て待て：遺産相続は、気長に親が死ぬのを待つしかない。

○：袖摺り合うも多生の縁：現世でのちょっとした関係も、前世から定まった因縁である（「多生」は「他生」とも書くことがあります）。
×：袖摺り合うも多少の縁：道で服の袖が触れ合うのでさえ人の縁のうちなので、人間関係は大事にすべきだ。

［結果的に意味は同じだけれど、字が違うもの］

○：死んで花実が咲くものか
×：死んで花見が咲くものか

生きていてこそよい時もあるのだから、死んでしまってはいけない。

第16講　社会「県と県庁所在地名」

小学校の社会科で47都道府県と県庁所在地を習います。一般に、これをスンナリと覚えることができたか否かは、その後に地理が得意で好きになるか否かの、最初の分水嶺になっているようです。

子供の頃から地図を眺めるのが大好きだった私は、高校の古文でも授業の内容よりも教科書の巻末に記載されている「旧国名・地図」を見るのが楽しみなくらいでした。しかし、世の中には、（学校の成績の良し悪しに関係なく）都道府県を覚えるのが苦手な人は多いようで、社会人になっても、例えば「四国４県とその県庁所在地名」を答えられない人は少なくありません。テレビのクイズ番組などでも同様で、小学校の問題なのに不正解が意外なほど大きな割合を占めるのには驚かされます。

都道府県と県庁所在地名が覚えにくいのは、そもそも日本地図が頭に入っていないこともありますが、県の名前と県庁所在地名が同じである県と、異なる県が混在することが、その理由として挙げられます。

それにしても、なぜ、県の名前と県庁所在地名が一致する県としない県があるのでしょうか？

これについて、中学生の頃から不可解に思っていました。

不可解に思ったのは、単に「一致する県としない県がある」だけでなく、一致しない県が明らかに西日本よりも東日本（特に関東地方）に多いためです。

県名と県庁所在地名が異なる県は以下のとおりです（都道府と沖縄県を除く）。

東北：岩手（盛岡）、宮城（仙台）
関東：群馬（前橋）、栃木（宇都宮）、茨城（水戸）、埼玉（旧浦和）、神奈川（横浜）、山梨（甲府）
北陸：石川（金沢）
中部：愛知（名古屋）、三重（津）
近畿：滋賀（大津）、兵庫（神戸）
中国：島根（松江）
四国：香川（高松）、愛媛（松山）
九州：なし

全国の県の数は、東京都・北海道・京都府・大阪府と沖縄県を除くと42県です。このうち、県名と県庁所在地名が一致する（以下、「一致県」といいます）のは26県で、不一致なのは（以下、「相違県」といいます）16県です。これを地図で見ると、相違県は東日本のほうに多いことに気づきます。関ヶ原（岐阜県の西端）を東・西日本の境界線とした場合、相違県は東日本に10県、西日本は6県です。特に目立つのが関東地方で、千葉県を除くすべての県が相違県です。これに対して、九州では七つの県のすべてが一致県です。これは明らかな地域差といえます。奇妙ですよね。


　これについては、昔から面白い説があります。

　それは、ジャーナリスト・著述家である宮武外骨（みやたけがいこつ）（１８６７～１９５５）が著わした『府藩県制史』に書かれている説で、「県の名前と県庁所在地名が一致しない県は、明治維新の時の朝敵藩（賊軍）または態度を明確にしなかった日和見藩である。一致する県は官軍となった藩である」というものです。後の世の作家・司馬遼太郎もこの説を踏襲しており、彼の著書『街道をゆく・肥薩、陸奥の道』でも、次のように書いています。

「明治政府がこんにちの都道府県をつくる時、どの土地が官軍に属し、どの土地が佐幕もしくは日和見藩であったかということを後世にわかるように烙印を押した」

　廃藩置県を行うに当たって、官軍側の藩は、自藩の名（県庁所在地の名でもある）を残すために県名を自藩の名と同じにしたが、朝敵側の藩は県庁所在地の名として残ることはあっても、県名としては残させなかった。こうして、どこが官軍でどこが朝敵であったかを後々まで伝えるように明言っているのです。新政府による意地悪みたいなものです。

示した。県名と県庁所在地名の一致・不一致が、新政府（官軍側）によって意図的に区別されたと

１８７１（明治４）年、廃藩置県が実施されました。その目的は、封建制を基に成り立っている大名の領地（藩）を召し上げ、中央集権制を確立することにありました。廃藩置県は１回で完了したのではなく、幾度も統合・分割・名称変更が行われました。現在に近い姿に落ち着いたのは１８８９（明治22）年のことです。

明治４年の最初の廃藩置県の時は、「藩」を「県」と言い換えただけであったため、３府３０２県もありました。都道府県名は、基本的に旧藩の名前をほぼそのまま継承していました。その後、県の整理統合が進み、合併後の県の名称は、その地の中心的な県の名や県庁所在地あるいは郡の名前が採用されていきました。このような流れの中で、朝敵側の藩の名前が県名から消されていったらしいのです。

ちなみに、藩の名前は都市（城下町）の名前を使って称します。時代劇で「薩摩藩の西郷さんは……」などと言っていますが、あれは正しくありません。「薩摩藩」というのは通称であり、正式には「鹿児島藩」です。

具体的に見てみましょう。まず、官軍側から。

官軍側といえば、その中心は「薩長土肥」です。鹿児島と山口、高知、佐賀の藩名が、すべてそのまま県名に置き換わっています。もちろん県名と県庁所在地名の「一致県」です。また、「薩長」に好意的だった諸藩（福岡、熊本、広島、岡山、鳥取、徳島、福井など）もそうで、すべてが現在の「一致県」です。

一方の朝敵側には、会津藩や福島藩、二本松藩（以上、福島県）、庄内藩や米沢藩（以上、山形県）、仙台藩、盛岡藩、長岡藩（新潟県）など奥羽越列藩同盟として官軍と戦った多数の藩があるほか、徳川御三家の名古屋藩、和歌山藩、水戸藩や、江戸周辺（関東平野）の親藩・譜代藩があります。四国では佐幕派だった高松藩（香川県）と伊予松山藩（愛媛県）が、新政府側の土佐軍に侵攻されています。

岩手県は盛岡を県庁所在地とした「相違県」です。同様に、宮城県（仙台）、香川県（高松）と愛媛県（松山）、関東地方の各県（千葉を除く）、徳川御三家関係では愛知県（名古屋）、茨城県（水戸）などが、県名に藩名を残すことができずに「相違県」となっています。

福島、山形、新潟は「一致県」ですが、これは戊辰戦争で官軍に激しく抵抗した有力藩（会津藩、米沢藩、長岡藩）を、県名だけでなく県庁所在地にもしなかった結果と考えられます。このように見ていくと、確かに宮武外骨の説には説得力があるように思われます。

しかしながら、徳川御三家でも和歌山藩の名がそのまま残っていることや、逆に早い段階で新政府側につき江戸城開城の先鋒を務めた名古屋藩、桜田門外の変や天狗党の乱を起こすなど尊王攘夷思想の総本山であった水戸藩が「相違県」になったことは、説明がつきません。また、小さな藩だったとはいえ奥羽越列藩同盟の一員だった福島藩と山形藩の名が県名に残ったり、官軍側に立って兵を出し、戦死者も多かった最大の外様・金沢藩の名が消されたりと、必ずしも法則どおりとならない例が多々あります。このため、宮武外骨説は「根拠のない俗説」とされることが一般的となっています。

本当のところはよく分かりません。でも結果的に、維新の時の有力な「朝敵藩」や「日和見藩」の名前が県名に残ったケースは少なく、官軍側の有力藩のほとんどが県名に名前を残し、かつ県庁所在地になっています。明治期に行われた数々の「薩長土肥」、特に「薩・長」派閥の独善的な施政と重ね合わせて考えると、明治政府が朝敵側の藩の名前を県名から消していったとしても、不思議ではないような気がします。宮武外骨説が「ただの俗説」だとしても、明治維新の時の歴史的状況を踏まえた「出来の良い説」なので、「俗説」として切り捨ててしまうには少々惜しい気もします。

第17講　登下校「ランドセル」

春になると小学校の新1年生が、ピカピカのランドセルを背負って学校に通い始めます。体の大きさに比べてランドセルが不釣り合いに大きいので、新1年生だと、すぐに分かります。

昔から見慣れたランドセルですが、考えてみるといろいろな疑問が湧きおこります。まず、「ランドセル」というものの名前。カタカナで書くので外来語であろうと思われますが、そもそも、あれは何語なのか？　外来語だとすれば、ランドセルは海外にもあるのか？　そして、なぜほかの一般のカバンなどには見られない「あの独特の形」なのか？　どのようにしてつくられているのか？　なぜ、あんなに高価なのか？……、などです。

では、「ランドセル」の語源から話を始めます。これは国語辞典にも出ていて、こう書いてあります。

ランドセル：学童用の背負いカバン。オランダ ransel ＝軍人などの背嚢（はいのう）から『岩波国語辞典』

「ランドセル」の語源はオランダ語であるようです。「ransel（ランセル）」が転訛して「ランドセル」になっていく途中に、なぜ「ド」が入ったのかは分かりませんが、多分、日本人にとって、そのほうが発音しやすかったのでしょう。縫製に使う「ミシン」が、英語の「machine（マシーン）」を語源とするものの、日本でしか通じない語になっているのと同じように、「ランドセル」も日本独自の語になっています。

「ランセル」という語は江戸時代の記録にも残っているようで、攘夷論・開国論で揺れた幕末に、徳川幕府が西洋式軍隊の制度を導入した頃、ほかの軍隊用装備と一緒にわが国に入ってきたとされます。いわば陸軍兵士の荷物入れ（背嚢）で、厚い布でできていました。

司馬遼太郎の歴史小説『花神』の中には、「ランドセルを背負って山陽道にのぞまんといってい た幕府代表の一橋慶喜の心境が……」という箇所があり、同氏の記述表現が正しいとすれば、明治維新より前に「ランセル」から「ランドセル」に転訛していた様子がうかがえます。

現在の小学生が背負っているランドセルの原点は学習院で、１８８５（明治18）年に制定したのが最初です。この時の通学用「ランセル」（その後、「ランドセル」）は、軍隊用の背嚢のデザインを転用したもので、現在のリュックサックに近い形でした。

１８８７（明治20）年、皇太子（後の大正天皇）が学習院に入学します。この時、当時の総理大臣（初代総理大臣）伊藤博文が入学祝いとして、皇太子にランドセルをプレゼントしました。これは特別注文でつくらせた革製の四角い箱型で、現在のランドセルの原形となるものでした。このため、現在の子供たちに使われている一般的なランドセルの形を、カバン業界では今でも「学習院型」と呼んでいます。詰め襟学生服を最初に導入したのも学習院ですから、同校は日本の学校文化に大きな影響を与えてきた学校だといえます。

その後、この形のランドセルは、都会部を中心に普及していきます。手提げカバンなどとは異なり子供の体への負担が少なく、また両手が空いているので子供の安全のためにもよいことが普及を後押ししました。ちなみに、それまでの教科書や学用品の持ち運びは、もっぱら風呂敷だったようです（これはこれで便利なのですが）。

しかし、本格的にランドセルが全国へ広がっていくのは意外に遅く、昭和30年代以降。太平洋戦争による荒廃から復興し、国民の生活もようやく落ち着きつつあった頃で、やがて高度経済成長へと向かっていく時代です。１９６７（昭和42）年には、人工皮革「クラリーノ（商品名）」を使ったランドセルが発売されます。牛や豚の天然皮革よりも軽く、しかも価格も安いため買い求めやすくなりました。製造元のクラレによると、現在、全国で販売されるランドセルの約7割がクラリーノ製だそうです。

明治時代に創作された「学習院型ランドセル」は、その後、中に間仕切りが付けられたり、フックや名札入れなどが付いたりと、少しずつ改良されてきましたが、基本的な構造は１００年以上も変わっていません。あの独特な形状は、子供が背負う通学用カバンとして、最初から丈夫で秀逸な道具だったということでしょう。

ところでランドセルは、ほかの文具や生活用品などと比べて、高価だという気がします。若い「おとうさん・おかあさん」では負担が大変なので、「お祖父さん・お祖母さん」が可愛い孫のために買ってあげることが多いようです。孫に「良い顔」をするチャンスでもあります。

ランドセルの価格は1万円弱から7万円超の高級品まで幅広く、3万〜4万円の価格帯が売れ筋だということです。ほとんどの大人が、数万円もする通勤カバンを持っているとは、考えづらいですから（私のカバンは1万円以下です）、それと比較すると、やはり高いように思います。

ランドセルが高いのは、（業界団体によると）一般のカバンに比べて、肩ひも・背当て・各種の金具など部品の数が多く、そのため作業工程も極めて多いことや、しかもそれを手作業で行っていることが主な理由だそうです。もちろん、素材がクラリーノではなく高級な牛革やコードパン（馬の尻の皮）であると、さらに高価になります。ただし、6年間の保証が付いている商品があり、小学生の間ずっと長く使えるのは有り難いことです。

さて、このようなランドセルは海外でも使われているのでしょうか?

海外の通学カバン事情は、「日本かばん協会ランドセル工業会」の調査によると、次のようになっています。韓国やイギリスなどがリュックサックのような背負いカバン形式になって、ランドセルに比較的似ていますが、日本のランドセルと同じものではありません。やはり「学習院型ランドセル」は、詰め襟学生服やセーラー服と同じように、日本独自のものであるわけです。

背負い形式：韓国、イギリス、ノルウェーなど
　リュックサックのようなカバンを背負います。イギリスは教科書を学校に置いておくので、背負いカバンは小さいものを使用。

手さげ形式：インド、ロシア、ブラジル、アルゼンチンなど
　日本の中・高校生が使用しているような、手さげスタイルのカバン。

背負い兼手さげ形式：ドイツ、フランス、イタリアなど
　手さげカバンに背負いヒモが付いているので、背負うことも手で持つこともできるスタイル。主にヨーロッパ諸国で普及しており、形態はほぼ一緒ですが、大きさ、色、素材にはそれぞれ国ごとの特徴が見られます。

ショルダー形式：中国、シンガポールなど
　かつての日本の中学・高校で使っていたような肩かけ式の通学カバンです。

一定の形式がない：インドネシア、オーストラリア、デンマークなど
各自マチマチの形式のものを利用しているので、決まった形の通学カバンはありません。

通学カバンがない：アメリカ、カナダ、メキシコなど
アメリカ、カナダでは教科書は学校に置いておくので、多くの子供は手ぶらで登下校します。メキシコの場合は教科書を裸で持ち運びします。したがって通学カバンは要らないということになります。

ところで、日本のランドセルが海外の一部で使われています。使い終わったランドセルを、アフガニスタンなどの発展途上国の子供たちに寄付しているからです。丈夫で長持ちする日本製ランドセルなので、まだまだ使える状態のものもあります。これを一般から募集し、文房具を添えて送っているのです。これは、公益法人ジョイセフが主催して２００４年から進めている活動で、日本かばん協会ランドセル工業会、クラレ、日本郵船グループなどが協力しています。

第18講　音楽「むすんでひらいて」

世界史の教科書に登場するルソーを覚えていますか？

ジャン・ジャック・ルソー（Jean-Jacques Rousseau）（1712～1778）は、スイス生まれの哲学者・政治思想家で、『社会契約論』などの著作があります。教科書には、『法の精神』のモンテスキューなどと一緒に18世紀の啓蒙思想をリードし、民主主義を主張したことから、フランス革命に大きな影響を与えた人として、紹介されていましたね。

さて、そのルソーの話です。ずいぶん昔に読んだ『音楽の歴史』（シャンピニュール著）という本を書棚から取り出して再び読み返していたら、1回目に読んだ時に見落としていた意外なことが目を引きました。なんと、音楽史の中に政治思想家ルソーの名前が出ているのです。

その本によると、ルソーは音楽評論や作曲など音楽的才能もあったようで、数多くの音楽評論文や音楽辞典を著したほか、バレー曲「優雅な詩の女神たち」をはじめ、オペラやカンタータなどの作品をいくつか残しています。私は、あのルソーが作曲家でもあったとは、その時まで知りませんでした。なお、彼には恋愛小説などの著作もあり、かなり多才な人であったようです。

ところが、さらに調べてみると、幼稚園や小学校で歌われている「むすんでひらいて」は、そのルソーが作曲したものだというから、二度ビックリ。この曲は文部省唱歌にもなっている童謡なので、てっきり日本の歌だと思い込んでいました。

ということは、私たちは学校教育の中でルソーという人に、小学校の音楽と高校の世界史の2回も接していることになるわけです。それならそうだと、高校の世界史の先生が教えてくれていたら、あの眠たかった「啓蒙思想」のあたりの授業も、「むすんでひらいて」を通じて親近感が湧き、歴史について啓蒙されたかどうかは分からないにせよ、少なくとも眠気だけはスッ飛んだのではないかと思います。

では、ルソーが童謡である「むすんでひらいて」を作曲したのかというと、そういうわけではありません。

「むすんでひらいて」の曲は、元々は彼の「村の占い師」というオペラ（喜歌劇）の中に出てくる曲です。「村の占い師」は1753年にパリのオペラ座で初演され、当時の聴衆からかなりの好評を博したとされています。「むすんでひらいて」の原曲は、このオペラの中の幕間劇の箇所で使われた曲だそうです。ちなみに1753年というと、有名な作曲家では、バッハやヘンデルは最晩年を迎え、ハイドンは20歳くらい、モーツァルトが生まれる3年前にあたる年です。音楽史でいう古典派音楽の時代です。

このオペラの中の音楽が、童謡「むすんでひらいて」になるまでの経緯は簡単ではなく、驚くほどの紆余曲折を経ています。姿かたちを変え、さまざまな音楽に流用されていったのです。単純で覚えやすく親しみやすい旋律であることが、ほかの音楽に転用された原因だと思われます。そういう意味で、この曲はかなり珍しい音楽だといえます。

その転用・流用というのは、まず、1770年頃にイギリスで歌曲などに編曲されたようで、19世紀の初め頃には、ドイツの作曲家クラーマーが作曲した変奏曲の主題に使われます。馴染みやすい曲を、別の作曲家が変奏曲の主題に使うのはよくあることで、有名な例としては、ブラームスの「ハイドンの主題による変奏曲」や、ブリテンの「パーセルの主題による変奏曲（青少年のための管弦楽入門）」などがあります。

さらに19世紀のイギリスでは、キリスト協会で歌う讃美歌の一つになり、アメリカでは民謡にもなったようです。このように、「むすんでひらいて」の曲はヨーロッパを中心に世界中で歌われる（あるいは演奏される）ようになっていきました。

日本へは、明治時代初期に讃美歌として紹介され、それに日本語の歌詞が付けられました。その後、文部省によって古今和歌集の歌をアレンジした歌詞を付けた唱歌「見渡せば」がつくられます。

これは1881（明治14）年の日本で最初の音楽教科書「小学唱歌集」にも掲載されました。明治20年代になると、今度は勇ましい歌詞をつけて軍歌（戦闘歌）としても転用されます。歌詞は異なるものの「むすんでひらいて」の曲を歌いながら敵陣に突撃していたかもしれないなんて、まったく意外な感じがします。

私たちがよく知っている童謡「むすんでひらいて」が登場したのは終戦後のことで、1947（昭和22）年、かつての唱歌「見渡せば」に幼児・児童向けの歌詞を付け直し、小学1年生の音楽の教科書に載せられたのが最初です（作詞者は不詳）。以後、数十年間もわれわれ日本人に歌い親しまれ、2006（平成18）年には文化庁などによる「日本の歌百選」に選定されています。いつの間にか「日本の歌」になっているのです。ルソーさんもビックリ。

ところで、「むすんでひらいて」は歌詞の勘違い曲としても知られています。とは言っても、ほかの曲のように、普通の日本人が中学校さらには大人になっても勘違いするというものではなく、日本語を学んでいる外国人が間違える曲としてよく紹介されています。日本語学校などで外国人にこの曲を歌いながら身ぶり手ぶりしてもらうと、さあ大変。「♪むすん～で、ひらい～て……」と歌い始め、「♪ま～たひらいて」のところで全員が大きく足を広げる仕草をするのだそうです。

しかし、ある本（随分と昔に読んだので、今はもう何という題名だったか忘れてしまいましたが）にはこのように書いてありました。

「あの勘違いは、外国人学生たちが真面目に予習してきたから起ることで、笑ってはいけない。逆に、永年英語を学んできた日本人のうち、英語で『股』を何というのか知っている人は、決して多くはないだろう」

残念ながら、そのとおりですね。ちなみに英語で『股』は、crotch［kratʃ］と言います。

［唱歌・見渡せば］歌詞

見渡せば　青やなぎ、花桜　こきまぜて、みやこには　道もせに　春の錦をぞ

［戦闘歌］歌詞

見渡せば　寄せて来る　敵の大軍　面白や

スハヤ戦い始まるぞ　出でや人々　攻め崩せ

弾丸込めて　撃ち倒せ　敵の大軍　撃ち崩せ

第19講　家庭科「お茶」

「お茶を濁す」「ヘソで茶を沸かす」「お茶の子さいさい」などの慣用句があり、「お茶の間」といえば一家団欒の場を示すなど、お茶は日本人にとって、その日常生活の中に溶け込むほどに馴染み深いものです。

学習指導方針にもよりますが、小学校の家庭科でお茶の入れ方を学習します。ここでいうお茶とは、日本茶です。急須や茶漉し（ちゃこ）を用意し、お湯の注ぎ方、味わい方と後片付けの方法を学びます。調理の第一歩として、コンロの火の付け方やお湯の沸かし方を身に付けるという目的もあるのだそうです。

しかし、学校ではお茶の飲み方について教えてくれますが、「そもそもお茶とは何なのか」については、家庭科でも理科でも教えてくれません。今では、スーパーやコンビニに行けばティーバッグ化されたお茶を売っていますし、自動販売機ではペットボトルに入ったお茶が売られていますので、子供たちは（ひょっとして、昔子供であった大人たちも）、お茶とはどのような植物で、どのように栽培・加工されたものなのかについて、正確に知らないままでいるようです。

茶（茶の木）は、椿やサザンカなどと同じ「ツバキ科」の多年生の常緑低木樹です。そういえば、サザンカは「山茶花」とも書きます。サザンカなどツバキ科の木を、中国では「山に自生する茶の木」だとされていたことから「山茶花」と書き、それが日本ではサザンカを指すようになりました。椿やサザンカに花が咲くように、茶の木にも秋に花が開きます。花は白く、サザンカを一回り小さくしたような形をしています。低木樹ですので巨木になることはありませんが、それでも自然に放置しておくと、人間の背丈よりもはるかに高くなり、樹齢２００年を超える木では４メートル以上のものもあるようです。

東海道新幹線に乗って静岡県に入ると、緑色のカマボコか芋虫のような形のものが、ぎっしり並んだ景観が随所に見えます。あれがお茶畑です。木が高くなると茶摘みの時に梯子を架けるなど大変な苦労をすることになるので、作業がしやすいように幹を低く切り、あのカマボコのような形に刈り込んでいくのです。幹や枝を切ると、多くの枝が新たに生えてくる性質があり、茶葉の収穫量が増すという利点もあります。茶の木は生命力が非常に強いので、このように枝葉を刈っても大丈夫なのです。

お茶の木は、傾斜地など日当たりと水はけがよく、日中の温度差が大きい場所を好みます。お茶畑のほとんどが、山や丘陵地などの南側斜面にあるのは、このためです。

お茶畑の中には何本もの電柱のような柱が立っており、それらの先端に扇風機のようなものが取り付けられています。あれは「防霜ファン」といって、お茶の葉を霜の被害から守る設備です。お茶は虫に食べられることが少なく、病気にも比較的強いのですが、葉は霜に弱く、新しい芽が伸び始める3月中下旬頃の夜間に遅霜が降りると、この新芽が枯れてしまうことがあります。防霜ファンは一定の気温以下になると自動的にスイッチが入るよう設定してあり、地表面近くの冷たい空気と地上数メートルの比較的暖かい空気を攪拌して、霜が着かないようにしています。毎年、新茶の収穫が行われる八十八夜の頃まで活躍します。唱歌「茶摘み」の歌詞にも出てくる「八十八夜」とは雑節の一つで、立春から数えて88日目のことで、五月の初旬にあたります。

茶の木は、チベット高原から中国東南部にかけての地域が原産地だとされ、そこから世界各地に広がっていきました。日本へは、鎌倉時代に中国へ修行に行っていた僧侶が持ち帰って伝わった、というのが定説のようです。

ちなみに、英語の茶「tea（ティー）」は、中国南部の福建省方面の「茶」の読み「テー」に由来していて、中国から植物（あるいは飲料）としての茶だけではなく、言葉としても西洋に伝播して

図6　お茶畑の防霜ファン

いったことがうかがえます。

茶の品種は中国種とインド種（アッサム種）に大別され、それぞれに多くの品種があります。日本では、中国種から品種改良された「藪北（やぶきた）」の栽培が主流となっています。

飲料としてのお茶には、緑茶・烏龍茶・紅茶がありますが、基本的には同じお茶の木の新芽を摘み採ったものです。緑茶の木、烏龍茶の木、紅茶の木などと、それぞれ別のお茶の木があるわけではありません。とはいっても、各々に適した品種があり、緑茶や烏龍茶には中国種、ほとんどの紅茶にはアッサム種が使われます。

では、基本的には同じ茶の木を使うのに、なぜ、緑茶・烏龍茶・紅茶ではまったく味や香りが異なるのでしょう？

それは摘み採った後の茶葉を加工する方法が違うためです。お茶の加工は、基本的には摘み採った茶葉を干し、手や機械で揉み、混入した枝や異物を取り除き、形や大きさをそろえて乾燥させるというように行われるのですが、味や色が異なるのは、途中で発酵させるかどうか、また、その発酵の度合いで決まります。茶葉には酸化酵素が含まれていて、放置していると酸化・発酵していきます。

緑茶・烏龍茶・紅茶の差異は、この発酵度が高いか低いかの違いで、緑茶は発酵させず、烏龍茶は半分だけ発酵させます。これに対して紅茶は完全に発酵させたものです。酸化が進むとカテキンなどの成分が変化して茶葉は次第に黒ずんでいき、茶の湯の色も濃くなり、風味は違ったものになっていきます。また、日本茶の中にも、以下のように煎茶・番茶・抹茶などの種類があります。

煎茶：最もポピュラーなお茶で、前述の方法でつくられたものです。茶葉を摘み採った順に「一番茶」「二番茶」「三番茶」と区別して呼ばれることもあります。新茶は一番茶のことで、その年の最初に収穫された茶葉です。

番茶：「娘十八、番茶も出花（番茶も入れたてなら美味しいように、不美人な娘でも年頃になれば、それなりに美しく見えるものだ）」の諺があるように、煎茶よりも風味など品質が劣るお茶で、煎茶用の若い葉を摘んだ後に残った葉からつくるお茶です。語源については、摘み採り時期が遅いことによる「晩茶」が転じたもの、あるいは昔の番小屋で飲んだ安物のお茶だったから、などの説があるようです。

玄米茶：煎茶と番茶を混合したものに、炒った玄米を加えたお茶です。さっぱりとした風味の中に香ばしさが漂うのが特徴です。

玉露：渋みが少なく、旨みとかすかな甘みのある、味わい深い高級茶です。20日間ほどの間、新芽に日の光が当たらないように蔽いをして育成します。

抹茶：茶の湯で使われるほか、最近はケーキやアイスクリームなどの風味付けに使われることが増えています。揉まずに乾燥させた茶葉を、細かく石臼で挽いてつくられます。

ところで第10講の「色の名前」でも述べましたが、色彩の一つに「茶色」があります。お茶の葉も、飲むお茶も緑色をしているのに、なぜ黒褐色系の色「brown」が「茶色」なのでしょう？

こぼしたお茶を拭いた雑巾をそのまま放置していたら、黒ずんだ褐色（茶色）になっていることがあります。これは、お茶の成分が酸化して変色し、雑巾などの繊維に定着したことによるものです。茶葉の煮汁は昔から染料として使用されており、茶葉を原料として染められた色ということから「茶色」の色名ができたようです。

第20講　数学「マイナス」

中学1年生になると、数学の授業で負の数（マイナス）を学びます。負の数の概念を把握するのは、小学校の時の「分数の割り算」と並んで、生徒には難しいものであるようです。

歴史にも出てくる「ゼロの発見」は、今から1300〜1400年くらい前の6世紀頃、インドでのことととされています。最初に負の数（negative number）の概念を形成したのもインド人で、7〜8世紀頃に資産の額をプラス、負債（借金）の額をマイナスとして帳簿に記録していたようです。

しかし、本格的な数学としての理解が進むのは意外に遅く、15世紀頃までのヨーロッパでは負の数を認めず、方程式の解がマイナスになった場合などは「理不尽な数」としていたそうです。ようやく、負の数が数学の世界で定着し、正と負の識別と符号が活用されたのは、18世紀になってからです。

このように、負の数は人類にとって「とっつきにくい」概念だったわけですが、その中でも負の数同士の掛け算・割り算は、理解が困難だったようです。

中学校で「マイナス×マイナス」が「プラス」になることを教わります。やがて、これは頭の中で常識となっていきます。しかし、「マイナス1×マイナス1は、なぜプラス1なのか？」と、改めて問われると案外と答えられないもので、我が（優秀な）友人たちに訊ねても過半数の人が頭を抱えていました。当たり前と思っていることだけに、かえって戸惑ってしまうのです。「だって、数学の授業でそう習ったから」というのが、多くの人の気持ちではないでしょうか。

この説明にはいろいろな方法があるようですが、代表的なものが次の説明です。

①学校の授業で一般的に行われているもので、距離と時間を使って理解させます。
ある地点（原点）から東の方向に進むとプラス、西向きはマイナスとする。時速30キロメートルで進む自動車が、2時間東に向かって走るとプラス60キロメートルの地点に進むことになる。では、同じ速度の自動車が、バックして（西の方向に）3時間走ったら、原点に至った。その場合、3時間前の位置はどこになるか。

このような問題を考えさせ、（西向き）×（3時間前）は、（マイナス）×（マイナス）だから、結果、プラス90キロメートルの地点になる、と教えます。

$$-2\times(+3)=-6$$
$$-2\times(+2)=-4$$
$$-2\times(+1)=-2$$
$$-2\times(0)=0$$
$$-2\times(-1)=+2$$
$$-2\times(-2)=+4$$
$$-2\times(-3)=+6$$

②数の変化の法則性から説明する方法です。

上のように、マイナス2に掛ける数をプラス3から1ずつ減らしていき、0を超えてマイナスの数にしていきます。

右辺の答えは、最初の式のマイナス2×プラス3の答えであるマイナス6から2ずつ増えていき、この法則から0を超えたらプラスに移行していくことになります。これにより、「マイナス×マイナス」が「プラス」にならないと、都合が悪いことが分かります。都合が悪いというのは、計算のルールにおいて平仄（ひょうそく）が合わない（つじつまが合わない）ということです。

③マイナス×マイナスがプラスになることを、式を展開していって証明する方法です（下）。

$2+(-2)=0$

両辺に（－2）をかけると

$-2\times\{2+(-2)\}=-2\times0$

左辺のカッコを展開すると

$-2\times2+(-2)\times(-2)=0$

$-4+(-2)\times(-2)=0$

左辺の－4を右辺に移項すると

$-2\times(-2)=4$

ということで、マイナス×マイナスがプラスになります。
「なるほど、納得」という気になりますが、これは計算法則に従って計算しただけのことです。証明されたように見えますが、そうなるルールの中では、いわば当然のことです。

前述の②と③で述べたように、数の法則性や計算式が成り立つためには、マイナス×マイナスがプラスでなければ、つじつまが合わなくなります。マイナス×マイナスがプラスであることは、言い換えるとルール化された計算方法だということです。学校の授業では、この「決まり事」を数式と数の概念として理解していくことになります。

では、これを生徒たちは理解しているのでしょうか？　この質問を数学の先生をしている友人に聞いてみたところ、答えはこうでした。
「まあ、ほとんどの生徒は理解できていないみたいね」

その結果、「マイナス×マイナスはプラスである」ことを「記憶」することになり、先生たちの力点は、「いかに理解させるか」から「いかに覚えさせるか」に移ります。このため、数学の先生たちは「記憶させる」ための教え方を工夫します。その中には珍妙なものがあります。以下は、友人たちに思い出してもらった中学時代の先生の説明です。

【A先生】

「私＝人間」をプラスとして、「私≠人間」をマイナスとすると、「私は人間だ」というのはプラスで、「私は人間ではない」というのはマイナスになる。

では「私は人間ではない、ことはない」というと「私は人間だ」といっているわけだからプラスになる。このように「二重否定」すると元の意味に戻る。これと同じように、マイナス×マイナスはプラスになるのだよ。

どうやら、先生は数学と国語の区別がついていないようです。これは説明とはいえず、単なる言葉の遊びです。さらに体も使って表現したのが次の例です。

【B先生】

今、先生が立っている前方向をプラスとする。臍(へそ)の向きをよく見ているんだぞ。マイナスということは反対を向くということだから、回れ右をする。臍の向きは逆のマイナスになったな。マイナス×マイナスだと、回れ右を2回することになるのだから、ほら、臍の向きは元に戻ってプラスになるな。どうだ？　分かりやすいだろう。

確かに分かりやすいかもしれませんが、かなり乱暴な説明に思えます。しかし、次の例よりはマトモかもしれません。

【C先生】

マイナス×マイナス＝プラスというと不思議に思うかもしれないが、実は簡単なのだ。二つの「ー」のうち、一つの「ー」記号の向きを90度回転させて「｜」とする。この場合、回転の向きは左右どちらでもよい。そして、片方の「ー」に「｜」を重ね合わせると「＋」という形が書ける（「書ける」と「掛ける」のカケ言葉のつもりらしい）。だからマイナス×マイナスはプラスになるのである。諸君、分かったかね。

先生の説明のほうがよっぽど不思議です。これはもう、数学とは言えません。

昔は、このようなハチャメチャだけど豪快な先生がいました。どれも極めて強引で非論理的な説明ですが、敬愛する先生たちはこの問題を生徒に覚えさせるために、今思えば、涙ぐましいほどの工夫と努力をしていたんですねぇ。

第21講　音楽「ハニホヘトイロハ」

「ねぇ先生、どうして音階は『イロハニホヘト』ではなく、『ハニホヘトイロハ』と並ぶのですか？」

……こんな質問を先生にしてはいけません。先生を困らせてしまいます。

「昔からそうなっているのだから、そうなのです。良い子は素直に覚えなさい」と言われるだけかもしれません。

もう少しマシな答えなら、「外国から導入された音階がCから始まっていたからです」という説明でしょうか。しかし、これでは「なぜ『C』から始まるのか？」という疑問に置き換わるだけで、結局、最初の疑問は解決しません。

こうして、「素直じゃない悪い子」は、知識の落とし穴の中で悩み続けることになっていきます。

確かに音階（正しくは音名）は「ハニホヘトイロハ」と並んでいます。「イロハニホヘト」のほうが分かりやすいように思うのですが、なぜなのでしょうか？

私もこれについて学校で習った記憶がありません。忘れただけかもしれませんが、周りの人たちに尋ねても皆さん「知らない」といいます。

そこで、音楽教育の専門家に尋ねようと思い、大学の教育学部を卒業して小学校の音楽の先生をしている古い友人に連絡しました。その友人は教育熱心で、教師としても立派な人です。しかしながら、その答えは「そんなことは考えたこともなかったけれど、そういえば不思議ね」というもので、「大学でも習ったことはなく、音楽理論の教科書で見かけたこともなく、もちろん、今の児童たちに教えているはずもなく、児童からそのような質問を受けたこともない」とのことでした。事実、これについてはほとんどの音楽理論の本にも書いてないので、あまり知られていないのです。

さて、音楽の形式や理論なんて、学校を卒業してから仕事や趣味で音楽に関係していない限りは、ほとんどの人が忘れてしまっているでしょう。ちょっと基礎知識の確認（おさらい）をしておきます。

音楽で音の高さを表現するのに「音名」と「階名」があります。

音名は絶対的な音の高さ（固定度）を表し、日本式であれば「ハ・ニ・ホ・ヘ・ト・イ・ロ・ハ」で表現します。

これに対して階名は、相対的な音の高さ（移動度）を示し、「ド・レ・ミ・ファ・ソ・ラ・シ・ド」で表します。

音名の「ハ」を主音（ドレミの最初の音である『ド』のこと）として、「ド・レ・ミ・ファ・ソ・ラ・シ・ド」という音階になっていくのがハ長調であるのはご存知のとおりです。♯（シャープ）も♭（フラット）も付きませんので、ピアノの『ド（ハ）』から順番に白い鍵盤だけを弾いていくと、ハ長調の音階になります。

同様に、ハニホヘト……の「ニ」つまりハ長調の『レ』の音を主音にして音階をつくるとニ長調（楽譜には♯が二つ付きます）、『ホ』の音を主音にすればホ長調（♯が四つ）となっていきます。

このように音楽の音の高さは「ハ・ニ・ホ・ヘ・ト・イ・ロ・ハ」で表現し、それらを各々主音とする調の名前（ハ長調など）に使われます。

一方、階名である「ド・レ・ミ・ファ・ソ・ラ・シ・ド」というのは、ハ長調やヘ長調などといった「調」に関係なく、各調の最初の音である主音を「ド」として、順番にド・レ・ミ……シ・ドと付けられる音の呼称です。

なお、ド・レ・ミは、元々はイタリア式の音名です。グイード・ダレッツォという中世イタリアの音楽理論家が、ラテン語で書かれた「聖ヨハネの讃歌」の歌詞の各行の最初の文字を音名に利用したものだとされています。

「聖ヨハネの讃歌」（音階では最初の「Ut」が「Do」に置き換わりました）

Ut queant laxis
Resonare fibris
Mira gestorum
Famuli tuorum
Solve pollute
Labii reatum
Sancte Johannes

さて、基礎知識の確認ができたところで本題に戻ります。音名は、なぜ「イロハニホヘト」ではなく「ハニホヘトイロハ」と並ぶのか？

先ほども出てきましたが、一つの答えは、明治時代になって西洋の音楽が日本に入ってきた時、すでにCから始まる音名になっていたからです。

音名の表記は各国によって異なっており、表6のとおりになっています。

表6　各国の音名表記

ドイツ	C	D	E	F	G	A	H	C
英・米	C	D	E	F	G	A	B	C
日本	ハ	ニ	ホ	ヘ	ト	イ	ロ	ハ
イタリア	Do	Re	Mi	Fa	Sol	La	Si	Do

このように、音名は英米式もドイツ式も、アルファベットの3番目の文字「C」から始まります。

この「C」から始まるアルファベットの音名に「イロハ」を当てはめたために、「ハ」から始まる日本式音名ができたわけです。

では、どうしてこのように「C」から始まる音階（音名）になったのについては、一般の教科書はもちろんのこと、音楽理論の本を見てもはっきり書いてないので、とにかくよく分からないのですが、いろいろ調べてみた結果、どうやら次のような理由だと考えられます。

西洋音楽は古代のキリスト教聖歌がベースになっています。ミサなどで歌われる聖歌は、長い期間をかけて音楽として改良され、発展していきますが、音楽理論が形づくられていくのは中世になってからです。音に名前をつけることになり、当時の音楽で使われていた音の中で最も低い音を「A」として、音の高いほうに向けて「A・B・C・D・E・F・G・A」と名付けたようです。この最低音「A」の音は、現在のピアノの真ん中の「（ハ長調の）ラ」の音から2オクターブ下の「ラ」だったそうで、これが「ラ」の音を「A」と呼ぶ原点となっています。

ちなみに、現代の音楽では、当時の最低音Aよりもさらに2オクターブ低い音まで使います。すべての楽器の中で最も音域（音の高低の幅）が広く、最も低い音を出すことができるのはピアノなのですが、その左端の最低音のキーも、やはり「A（ラ）」の音になっています。

このようにして「A・B・C・D・E・F・G・A」という音名ができたのですが、その当時、現在のような「調」は整備されていませんでした。調には長調と短調があります。A（ラ）・B（シ）・

C（ド）・D（レ）・E（ミ）・F（ファ）・G（ソ）・A（ラ）と弾くと短音階の調、つまり短調となります。昔は短調が基本だったようです。その後、短調よりも明るい響きを持つ長調が考え出され、音楽の主流になっていきます。現在、英語で長音階をメジャー・スケール［Major Scale］、短音階をマイナー・スケール［Minor Scale］と呼んでいるのも、これによるものです。

これにより主音が「A」からハ長調の「ド」である「C」に移ります。このために「C」音を基準とした「CDEFGABC」、日本式だと「ハニホヘトイロハ」の並び順が生まれたわけです。

また同時に、長調と短調の音楽理論も確立されていきます。

ところで話は前後しますが、友人である音楽の先生との会話の最後に、

「じゃあ、『どうしてイロハニホヘトではないのですか』と生徒に聞かれたら、君はどう答えるの？」

と質問したところ、返答は次のとおりでした。

「そのような時には『いい質問ですねぇ。先生も分からないから一緒に調べましょう。どっちが早く答えが見つかるか競争よ』と言うことにしているのよ」

こんな良い先生もいるんだなぁ！　と、わが友人のことながら深く感心し、ちょっと暖かい気持ちになりました。

第22講　理科「四季と暦」

テレビの天気予報で、「今日は立春。暦の上ではもう春ですが、まだまだ寒さが厳しいですね」などといっているのをよく聞きます。さて、あの「暦の上では」の「暦」とは、何を指しているのでしょう？　また、立春などという表現と、実際の季節感に大きな隔たりがあるのはなぜなのでしょう？

まず、「暦の上では」の「暦」とは、「二十四節気（にじゅうしせっき）」のことです。旧暦のことだと思っている人が多いようですが、違います。実は私も長い間、あれは旧暦のことだと思い込んでいました。手紙の気候の挨拶などでも使われ、身近で頻繁に目にするのに、この二十四節気についてはほとんど学校で教えられることはありません。

旧暦である太陰暦は月の動きを基準とした暦です。月の満ち欠けで決まるので、1か月は29・5日。1年間の日数は約354・3日です。これでは1年に11日ほど日数が足りないので、その補正を3年に一度、閏月を入れます。このため1年の長さは毎年同じではなく、暦と実際の季節の関係が次第にかけ離れていきます。

表7　二十四節気（2018年の場合。年によって異なる）

季節	節気	月	日	太陽の黄経（度）	節気名の意味
春	立春	2	4	315	春の気配を感じ始める
	雨水	2	19	330	雪や氷が溶けて、雪が雨に変わる
	啓蟄	3	6	345	冬ごもりしていた地中の虫がはい出てくる
	春分	3	21	0	太陽が真東から昇り真西に沈み、昼夜が等しくなる
	清明	4	5	15	すべてのものが生きいきとして、清らかに見える
	穀雨	4	20	30	穀物を潤す春雨が降る
夏	立夏	5	6	45	夏の気配を感じ始める
	小満	5	21	60	すべてのものが次第に伸びて天地に満ちはじめる
	芒種	6	6	75	稲や麦などの穀物を植える（芒はノギ）
	夏至	6	22	90	夏の極。昼の長さが最も長くなる
	小暑	7	7	105	梅雨が明け、暑気に入る
	大暑	7	23	120	夏の暑さが最も極まる
秋	立秋	8	8	135	秋の気配を感じ始める
	処暑	8	23	150	暑さが収まる
	白露	9	8	165	白い露が草の葉に着く
	秋分	9	23	180	秋の彼岸の中日。昼夜が等しくなる
	寒露	10	8	195	秋が深まり、草の葉に冷たい露ができる
	霜降	10	24	210	霜が降りる
冬	立冬	11	8	225	冬の気配を感じ始める
	小雪	11	22	245	寒くなって雨が雪になる
	大雪	12	7	255	雪がいよいよ降って、積り始める
	冬至	12	22	270	冬の極。昼の長さが最も短くなる
	小寒	1	5	285	寒の入り。寒気が増してくる
	大寒	1	20	300	冷気が極まり、最も寒くなる

それでは困るので、1年の季節感を明確にするために設けられたのが二十四節気です。1年を春分・夏至・秋分・冬至の4点を基準に春夏秋冬の四つの季節に分け、さらにそれぞれを六つに分けて、それらに「立春」や「啓蟄」、「春分」など季節を表わす名前を付けています。この24個の点は黄道上に位置し、太陽の動きをそのまま反映させているので、日数などは現在の太陽暦（新暦）とほぼ同じです。

なお、太陰暦は精度の問題などから度々改暦されており、日本の場合、最後の太陰暦は１８４４（天保15）年から使われた天保暦です。天保暦は１８７２（明治５）年12月２日（太陽暦の１８７２年12月31日）まで使われ、その翌日を１８７３（明治６）年１月１日とすることにより、太陽暦に改められました。

ちなみに、太陰暦の「太陰」は月のことです。これは陰・陽の関係にある「太陽」に対して「太陰」と称しています。

それにしても、太陽の動きを基に季節を表現しているはずの二十四節気が、実際の季節感と大きく乖離しているのはどうしてなのでしょう?

例えば、立春（太陽暦の２月４日頃）は「春の気配が立ち始める日」という意味で、この日から立夏（５月６日頃）までが春とされますが、２月初旬の寒さを考えると、春だといわれても納得しかねます。立秋（8月7日頃）もまだ夏の盛りで、極めて暑い時季です。

　このように、私たちが普通に感じる季節感は、夏は暑く冬は寒いなど、気温の寒暖が大きな要素になっています。これに対して二十四節気における季節とは、前述のように太陽の動きを表わしたもので、1年中で一番昼の時間が長い季節であるのが夏、昼の時間が短い季節を冬としています。夏の中でも最も昼が長い「夏至（6月22日頃）」は、その名のとおり夏の極です。1年を周囲360度の円として表わすと、夏の季節は夏至を中心に左右45度ずつ、合計90度の範囲です。このため夏の初めである「立夏」は5月6日頃、夏の終わりは「立秋（8月7日頃）」の前日となります。こうして、必ずしも暑さとは関係ない「夏の季節」が定義されます。ほかの季節も同様です。このために、実際に感じる季節感とは大きく異なってしまうのです。

　季節感が異なる理由が、もう一つあります。二十四節気は、今から約2000年以上前の中国黄河中流域で、当時の気候に基づいてつくられたものです。黄河中流域は大陸性の気候で、海洋性の気候である日本よりも早く気温が変動します。陸は海水に比べて、温められやすく冷めやすいからです。そのため大陸内の気温は、太陽から受ける熱量の変化に左右されやすいのです。このように、緯度も地理的環境も異なる中国では、日本とはかなり気温変化に差異があり、これが日本での季節感のズレを大きくしている原因となっています。

では、現在の太陽暦（新暦）におけるカレンダーでは、一般に季節はどのように区切られているでしょうか。

小学校の低学年の頃、図工でカレンダーをつくりました。先生は言います。「春の月には桜のピンク色、夏は山の緑の色、秋には枯れ葉の茶色を、そして冬には雪の白を塗りましょう」さらに「皆さん、春は何月から何月までですか？　そう、3月から5月までですね。夏は6月から8月、秋は9月から11月、冬は12月から2月ですね。間違えないように色を塗りましょうね」……、このようにして、学校では季節の区切りを習います。

しかし体験的に、春であるはずの3月の上旬はまだ冬のように寒く、秋だとされる9月は中旬くらいまでは暑くて夏のようですし、四季はカレンダーの3か月ずつの区切りどおりではないような感じがします。二十四節気ほどのズレはないものの、やっぱり「なんか変だな」と思います。

表8を見てください。表8は、東京における各月の上旬・中旬・下旬ごとの平均気温（1981〜2010年）を表わしたものです。

3月と12月の気温を比べてみると、3月のほうがいくぶん暖かいですが、3月上旬は12月下旬とは0・4度差。3月下旬と12月上旬も0・4度差で、大きな違いはありません。冬だとされている12月も、春である3月も平均気温は同じくらいで、寒いのです。

表8　1981～2010年の東京の平均気温（データ：気象庁）

月	旬	温度(℃)	月	旬	温度(℃)
1	上旬	6.4	7	上旬	24.4
	中旬	6.0		中旬	25.9
	下旬	5.9		下旬	27.0
2	上旬	6.0	8	上旬	27.7
	中旬	6.5		中旬	27.5
	下旬	7.1		下旬	27.1
3	上旬	8.0	9	上旬	26.0
	中旬	9.6		中旬	23.9
	下旬	10.5		下旬	21.7
4	上旬	12.9	10	上旬	20.2
	中旬	14.6		中旬	18.8
	下旬	16.4		下旬	16.7
5	上旬	18.1	11	上旬	15.2
	中旬	18.6		中旬	13.3
	下旬	20.0		下旬	11.4
6	上旬	21.4	12	上旬	10.1
	中旬	22.1		中旬	8.6
	下旬	22.8		下旬	7.6

6月と9月の気温の比較はさらに面白いものです。6月上旬と9月下旬、6月と9月の中旬同士、6月下旬と9月上旬の気温をそれぞれ比べると、すべての期間で秋である9月が、夏である6月を上回ります。また、6月と9月で最も気温が高いのは9月上旬です。気温の低い6月が「夏」であるのなら、それよりも気温が高い9月も「夏の月」にすればよいとさえ思えます。

前述のような、春を3～5月、夏は6～8月、秋は9～11月、冬は12～2月とする四季の区分は「気象学上の四季」とも呼ばれ、学校ではこれに従って教えています。

これに対して「天文学上の四季」という別の基準があり、次の期間区分になっています。

春：春分（3月21日頃）～夏至（6月22日頃）の前日
夏：夏至（6月22日頃）～秋分（9月23日頃）の前日
秋：秋分（9月23日頃）～冬至（12月22日頃）の前日
冬：冬至（12月22日頃）～春分（3月21日頃）の前日

どうですか？

表8の気温の年間の変化と照らし合わせてみて、季節感は実にピッタリ合うように思いませんか？　実際、西欧ではこの天文学上の季節区分を使うことが多いようで、かなり合理的な感じがします。日本にも「暑さ寒さも彼岸まで」という言葉がありますが、昔の人は上手く表現したものだと思います。

ところで学校のプールの授業は、一般に毎年6月の中下旬になると開始され、8月末か9月初旬までには終了します。その間に梅雨があり、梅雨寒といわれるように気温が低いため、水泳の授業を受ける子供たちは、唇を紫色にして寒さに震えることがしばしばあります。その一方、9月上中旬はまだ真夏のように暑く、水の中で泳ぎたいのに、プールはすでに閉鎖されています。市民プールなどの公営プールでも、営業期間は（温水プールでなければ）ほとんどが7月初旬から9月初旬の間です。年間の気温の変化を考えると、7月15日〜9月15日の間がプールには相応しいように思われます。

　ちなみに、学校で体育の時間にプールに入るか否かの目安として、次の基準があるようです（自治体や学校によって、取り扱いは異なります）。

◆最低水温は22℃（文部科学省の指導）
◆「気温＋水温≧50℃」且つ「気温－水温≦6℃」
◆光化学スモッグ警報発令時は水泳中止

第23講 英語「OK」

ホテルのスイートルームを「sweet room」(甘い部屋)だと思っていた人は多いようです。もちろん私もそうで、「suite room」(居間と寝室が一続きになっている部屋)と書くことを知ったのは社会人になってからでした。上下そろいの服「スーツ」もsuiteと書きますし、チャイコフスキーの「組曲・くるみ割り人形」も「suite・The Nutcracker」と子供の頃から持っていたレコードのジャケットに書かれていたのだから、もっと早く気がつくべきだったのですが、「sweet」と「suite」どちらも同じ[swi:t]という発音ですので、間違いの発見が遅れてしまいました。

これに似た勘違いの例として「ワイシャツ」があります。ワイシャツは「Yシャツ」と理解されているようで、衣料品店やクリーニング店の店頭でも「Yシャツ○○円」などと書いているのを見かけます。襟元の形状が「Y」の形に見えるので「Yシャツ」というのだと思いがちですが、実は、ワイシャツは「ホワイト(白い)シャツ」のことで、「white shirt」が訛って日本で定着した言葉です。したがって、海外では通用しない表現です。

ちなみに、英語とは関係ありませんが、「ワイシャツ」のことを「カッターシャツ」と呼ぶことがありますが、これは中部・関西以西で使われる用語です。カッターシャツは、大阪発祥のスポーツ品メーカー美津濃（現・ミズノ）が大正年間に売り出したスポーツ用シャツの商品名で、「勝った」に由来するのだそうです。

話を戻します。前述のような間違いは、元の外国語をよく知らないために聞き違いを招き、意味の相違につながったものです。ところが、中学生の英語の授業で習い、日頃から日本語の会話でも使っている英語の単語なのに、案外と分かってない語があります。

【OK】

何年も前のことです。アメリカのヒラリー・クリントン女史（当時、国務長官）が、フランクな雰囲気での演説で「オキー・ドキー」と言っているのを耳にしました。はて、何のことかと思って調べてみたら、アメリカのスラング（俗語）で「okey dokey」と書くことが分かりました。「ＯＫ」をもじった慣用句で、無理に日本語の慣用句でいうと「合点、承知の助」といった感じの意味なのでしょう。

それにしても、日本語の会話でも頻繁に使われる「ＯＫ」とは、そもそも何かの頭文字なのでしょうか？

ＯＫは「okey」「okay」「okeh」とも書き表し、辞書にも記載されています。だからといって、これらの頭文字というわけではなく、逆に「ＯＫ」の発音に近い形のスペルを後付けしたものです。そこで、さらに語源辞典などで調べてみたのですが、これがよく分かりません。ＯＫの語源については、いろいろな説があるものの、この語を創造したアメリカでも語源がハッキリしていないらしいのです。

その諸説のうち二つを紹介すると、次のようになっています。

①第8代アメリカ大統領マルティン・ヴァン・ビューレン（在職：１８３７〜１８４１年）は、アメリカ・ニューヨーク州キンダーフック（Kinderhook）出身で、彼を支持する地元の米国民主党の政治団体は「O．K．クラブ」と称していた。「O．K．」とは「Old Kinderhook」の頭文字で、キンダーフック出身者という意味（……ＯＢ＝Old Boy――出身者――が同窓生を意味するのと同じです）。やがてこの「ＯＫ」が仲間内の挨拶代わりの言葉となり、さらに世間に流布するとともに、現在の「ＯＫ」の意味を持つようになっていった。

②強権的で不信任決議をされたこともある第7代アメリカ大統領アンドリュー・ジャクソン（在職：１８２９〜１８３７年）が無学であったために、「all correct（すべてよろしい）」と書くべきと

ころを「oll korrect」とスペルを間違えて書いてしまった。これを人々が揶揄して、二つの単語の頭文字である「ＯＫ」を「よろしい」という意味で使うようになった。

【good-bye】

グッドバイ。もちろん「さようなら」という意味ですね。

この語は見た目からは「good」＋「bye」で成り立っています。「good」は分かりますが、「bye」とは何か？　また、「good morning」（おはよう）と書くのに、good-bye の場合には「good」と「bye」の間に「-」（ハイフン）を入れるのはなぜか？

これを疑問に思ったので調べてみたのですが、結果は意外でした。

まず、「bye」を辞書で見ると、こう書いてあります。

bye［bai］形容詞＝従属的な、副次的な、間接的な『講談社英和辞典』

ということは、good-byeで「良い、従属的な」？……、これでは何のことか分かりませんね。

実は、good-bye の「bye」は、この形容詞とは関係なく、「God be with ye」の短縮形なのです。good は「good（良い）」ではなく、「God（神）」が変化したもの。ye［ji:］は汝（なんじ）ら、そなたたち（＝you　神に祈る時などに使う古語）だそうです。

つまり、good-bye は「神が汝らと共にありますように」さらには「あなたに神様のご加護がありますように」という意味なのです。

ちなみに、日本人同士でも別れ際に「バイバイ」ということがありますが、辞書によると、「bye-bye＝①幼児語で『ねんね』 ②小児語で『さよなら』」という意味です。本来、大人が使う言葉ではないようです。

これ以外にも、頻繁に見聞きしている言葉（語）の中に、日頃は気にもしていないけれど、改めて考えてみると、そもそもの意味は何なのか？ と思うものがあります。例えば、次のような語です。

【アーメン】

キリスト教のミサや聖歌を聞いていると、最後に「アーメン」という言葉が出てきます。キリスト教の信者であれば当然に知っている言葉でしょうが、そうではない人（私も含めて）にとっては分からない、不思議な雰囲気を持った言葉のように思われます。はて、あれはどういう意味の言葉なのでしょうか？

辞書を引くとこのように書いてあります。

amen ：間投詞　アーメン＝So be it（かくあらせたまえ、という意味）『キリスト教徒が祈祷の終わりに唱える語』。

say amen to ～：～に同意する『講談社英和辞典』

元々はヘブライ語で、「本当に」「誠にそうです」「おっしゃるとおりです」「そうでありますように」という意味。キリスト教の前身であるユダヤ教で、祈りや牧師（ユダヤ教ではラビ）の言葉の後に続いて、信者たちが「そのとおりです」と言っていたのに由来し、これがキリスト教の布教とともに、そのままの形で世界中の言語で使われるようになったようです。賛美歌の終わりに置かれる言葉としても使われていて、モーツァルトの「レクイエム」の中にも、曲の終わりの箇所で「ア～メ～ン♪」と、美しい響きで歌われる曲があります。

【アルファベット】

英語を表記するのにアルファベットを使います。Aから始まってZで終わる26表音文字です。では、なぜあれを「アルファベット」と呼ぶのでしょう？

アルファベット文字の原型は、地中海東岸地方（今の国名でいうと、レバノンやシリアなど）に発祥したとされており、それが地中海沿岸を西に伝わって、ギリシャ文字さらにはラテン文字（ローマ字）へと変化・発展していきました。

アルファベットという名称は、最初の2文字「A」と「B」に相当するギリシャ文字の「α（アルファ）」「β（ベータ）」のことです。日本でも、ひらがな47文字を「いろは歌」に従った順番で並べたものを「いろは」と呼ぶのと同じようなものです。

なお、アルファベットのことを、「ローマ字」ともいいますが（主に日本語を表記するのに使う場合などに）、ラテン文字が、地中海地域の中でも主にローマ帝国で使われていたために、今でもこのように呼ばれています。

第24講　社会「関東地方と首都圏」

「天地ができて間もない頃、近江国（おうみのくに）（今の滋賀県）に広がる平野に、もの凄い北風が吹き、地面の一部が抉り取られて吹き飛ばされた。吹き飛ばされた地面は反転しながら瀬戸内海に落ちて、それが淡路島になった。一方、地面が抉られた後には水が溜まって琵琶湖になった」という話があります。地図で見ると大きさも形も似ているので、誰でも考えつきそうな話です。面積は琵琶湖が670平方キロメートル、淡路島は593平方キロメートルですから、琵琶湖のほうが少々大きいです。きっと、近江国から空を飛んでくるうちに目減りしてしまったのでしょう。

このように面積を計測して比較できる場合は分かりやすいのですが、「首都圏と関東地方では、どちらが大きい範囲を指すのか」というような問題になると、これが案外と難しいのです。小中学校の地理で「関東地方」について習いますが、「首都圏」として線引きされた範囲をきちんと習うことはほとんどなく、「首都圏」という概念が頭にないのです。それは後述するような曖昧さがあるためでもあります。

では、どちらが大きいのでしょうか？……答えは「首都圏」。

「エッ？　そんなバカな！」と思う人は多いでしょう。私も最初に知った時は「それは逆だろう」と思いました。

念のため確認しておきますが、関東地方とは、一般に東京都、神奈川県、千葉県、埼玉県、茨城県、栃木県、群馬県の1都6県をいいます。江戸時代以前なら関八州（武蔵国（むさしのくに）、相模国（さがみのくに）、上総国（かずさのくに）、下総国（しもうさのくに）、安房国（あわのくに）、常陸国（ひたちのくに）、上野国（こうずけのくに）、下野国（しもつけのくに））と呼ばれた地域です。

これに対して首都圏は、1都6県である関東地方に山梨県を加えた1都7県を指します。

この首都圏という概念が正式にできたのは、東京周辺地域の建設と発展を促進するため1956（昭和31）年に制定された「首都圏整備法」という法律で、首都圏の範囲を定めたことによります。おおむね東京駅から半径150キロメートルの円の中に納まる地域です。そもそも「首都圏」は、法令上の用語だということもできます。

とはいっても、日頃「首都圏」という語は東京を中心とした都市化された地域で、「関東地方」よりも狭い範囲を指して使っているような気がします。

例えば、ある人が大阪から神奈川県に移り住んだとします。その人は音楽が好きで、たびたびコンサート会場に足を運んでいます。世界の一流ミュージシャンのコンサートは、大阪での公演も多いのですが、神奈川から1時間弱で行ける東京のほうがより多く開催されます。その人は、神奈川県に移り住んだ利便性を享受しています。

この場合、その人は「関東地方に転居してよかったのは、一流コンサートにたくさん行けるようになったことだ」と言うでしょうか。少々、奇妙な感じがします。これに対して「首都圏に転居してよかったのは……」と言う方が馴染みます。しかし、ほとんどのコンサート会場は東京の都心にあるわけですから、（前述の定義であれば）「関東地方」よりも、さらに広い範囲を指す「首都圏」をわざわざ持ち出すのは、本来は逆のはずです。

そこで、このような東京を中核とする都市圏は、別に「東京圏」と言ったりもしています。この場合の地理的範囲は、東京都、神奈川県、千葉県北半分、埼玉県、茨城県の一部を指します（これ以外にも数種類の定義があります）。したがって、範囲の広さの順は首都圏∨関東地方∨東京圏となるわけです。

もっとも、NHK「首都圏ニュース」が1都6県（つまり関東地方）を放送エリアとしていたり、多くの新聞の首都圏版や不動産の市場動向調査で、首都圏の対象を東京・神奈川・埼玉・千葉の1都3県とするなど、厳密に用語が使い分けされているわけでもなさそうで、不明確な面があります。

余談になりますが、この「首都圏」と同じような位置付けにあるのが「近畿圏」です。関西や近畿というのも曖昧な概念で、関東地方や首都圏よりも特定が難しいのです。

そもそも「関西（地方）」というのが、①関ヶ原以西、②逢坂の関（滋賀県と京都府の境）以西、

③いわゆる近畿地方など、数種の範囲を指す概念です。この点で比較的特定しやすい関東地方よりも複雑です。

また「近畿」ということになると、大阪府、京都府、兵庫県、滋賀県、奈良県、和歌山県の2府4県を指すことが多いのですが、これに三重県を加えて2府5県とすることも珍しくありません。さらに1963（昭和38）年に制定された「近畿圏整備法」では、2府5県に福井県を加えた2府6県を「近畿圏」と定義しています。「首都圏」と似たようなお役所の定義の仕方です。

このように、地方・地域の区割りは一定せず、難しいのが実態です。

第25講　国語「『じ』と『ぢ』」

先日、高校時代に同じクラスで私と机を並べていた親友が、携帯電話でメールを送ってきました。着信したメールには、こう書いてありました。

「地元」という漢字を打ち込む時、「ぢもと」と入れても表示されなくて、「じもと」と入れなければならない。「地面」も同様。「地」は「ち」であって「し」とは読まない。「ち」が濁ると、どうして『じ』になるのか？　少なくとも昭和34年発行の辞書にはすでにそうなっていた！　単に昔、国語改正法なるものがあって、「ぢ」が使われなくなっただけなのか？　教えてほしい。

この友人のように、不思議に思ったことのある人は少なくないと思います。私もそうで、以前から「じ」と「ぢ」の使い分けに迷い、間違えることが多いのです。手書きで「地元」と漢字を書く時には問題ないのですが、メールなどのワープロ機能で漢字変換する際、キーボードでローマ字打ちするには、「じ」であれば「ji」または「zi」、「ぢ」なら「di」とキーを押すわけで、「地元」の読み仮名はどちらであるかの判断が求められます。これは「ず（zu）」と「づ（du）」の関係についても同様です。

これについて、幾人かの友人・知人に聞いてみましたが、皆さん異口同音に「分かりづらい」といいます。なぜ、分かりづらいのかについては、「使い分けが、どういうルールになっているのかが不明だから」、「小中学校で使い分けルールを教えてもらっていない。仕方がないので、個別に丸暗記してきた」という話でした。中には「あの問題って、（学校のテストでは）何も考えない子は丸暗記して正解。じっくり漢字の意味などを考える子は不正解になりやすい気がする」という意見もありました。

「じ」と「ぢ」あるいは「ず」と「づ」の書き分けは、言い換えると、正しい仮名遣いとはどうであるか？　という問題です。

「仮名遣い」とは、日本語の表記方法のうち、仮名（ひらがなとカタカナ）によって書き表す規則（ルール）のようなものです。仮名遣いには「旧仮名遣い（歴史的仮名遣い）」と「新仮名遣い」があり、旧仮名遣いは平安時代から変化しながらも終戦の頃まで使われていた仮名遣い、一方の新仮名遣いは終戦後から現在まで使われている仮名遣いです。「てふてふ（ちょうちょう・蝶々）」、「言ふ（言う）」、「てっぱう（てっぽう・鉄砲）」、「けふ（きょう・今日）」などが旧仮名遣いの例です。「どぜう（どじょう）」は今でも東京・深川のドジョウ鍋屋の看板などに書かれているのを見かけます。

日頃じっくりと読むことは少ないでしょうが、たいていの国語辞典の巻末付録に、新（現代）仮名遣いと旧（歴史的）仮名遣いの違いが「仮名遣い対照表」として掲げられていますので、眺めてみると面白いです。

太平洋戦争が終わった翌年の１９４６（昭和21）年、「旧仮名遣い（歴史的仮名遣い）」が複雑で使用上の困難が大きいため、教育上の負担になっているとの理由で、現代語の表音に基づいた「現代かなづかい」が政府によって制定されます。さらに１９８６（昭和61）年には、昭和21年の「現代かなづかい」を一部改訂し、現代語の音韻に従って書き表すことを原則としながらも、表記の慣習を尊重して一定の特例を設けた「現代仮名遣い」が、内閣告示として規定されています。

この内閣告示「現代仮名遣い」には、どのような事項が定められているのでしょうか？

文部科学省「『現代仮名遣い』に関する内閣告示及び内閣訓令について」から、ほんの一部を抜粋して引用すると、次のような内容です。

①原則に基づくきまり

(1)撥音「ん」

例：まなんで（学）　しんねん（新年）　しゅんぶん（春分）

(2)促音「っ」

例：はしって（走）　がっこう（学校）　せっけん（石鹸）

〔注意〕促音に用いる「つ」は、なるべく小書きにする。

(3)長音

◆ア列の長音　ア列の仮名に「あ」を添える。

例：おかあさん　おばあさん

◆イ列の長音　イ列の仮名に「い」を添える。

例：にいさん　おじいさん

②特定の語については、表記の慣習を尊重して、次のように書く。

(1)助詞の「を」は、「を」と書く。

例：本を読む　岩をも通す　やむをえない

(2)助詞の「は」は、「は」と書く。

例：今日は日曜です　山では雪が降りました　こんにちは

(3)助詞の「へ」は、「へ」と書く。

例：故郷へ帰る　母への便り　駅へは数分です

と、まあ、こんな調子のことが書いてあるわけです。どれも小学校の低学年で習った、当たり前の表記方法ですね。

さて、本題に戻っていきますが、「じ・ぢ」「ず・づ」などの使い分けも、この内閣告示「現代仮名遣い」の中で定められているのです。それによると、おおむね以下のとおりです。

①原則として「じ」「ず」を用いて書く。

②ただし例外として、次のような語は「ぢ」「づ」を用いて書く。

(1)同音の連呼によって生じた「ぢ」「づ」

例：ちぢむ（縮む）　つづみ（鼓）　つづく（続く）　つづる（綴る）など

(2)二語の連合によって生じた「ぢ」「づ」

例：はなぢ（鼻血） そこぢから（底力） いれぢえ（入れ知恵） ゆのみぢゃわん（湯呑み茶碗） まぢか（間近） みかづき（三日月） てづくり（手作り） こづつみ（小包） たけづつ（竹筒） など

なお、次のような語については、現代語の意識では一般に二語に分解しにくいものなどとして、それぞれ「じ」「ず」を用いて書くことを本則とするけれども、「ぢ」「づ」を用いて書くこともできるものとする。

例：せかいじゅう→せかいぢゅう（世界中） いなずま→いなづま（稲妻） きずな→きづな（絆） ひざまずく→ひざまづく（跪く） ひとりずつ（一人ずつ）→ひとりづつ（一人づつ） など

〔注意〕次のような語の中の「じ」「ず」は、漢字の音読みでもともと濁っているものであって、上記(1)、(2)のいずれにも該当せず、「じ」「ず」を用いて書く。

例：じめん（地面） ぬのじ（布地） ずが（図画） りゃくず（略図）

ということですので、旧友が疑問に感じた「地元」の場合ですと、「地面」と同じように前記の(1)、(2)のどちらにも該当しないので、やはり「じ」を使って「じもと」とするのが正解になるようです。

旧友が主張する「地は『ち』であって『し』とは読まない」の部分は正しいです。ただ『じ』は『ち』が濁った結果ではなく、「地」は本来『じ』とも読む漢字なのです。漢和辞典で「地」の音を調べると、確かに「チ」と「ジ」の二つが書いてあります。

そうは言っても、「地元」「地面」「地震」などは、「元の地」、「地の面」、「地が震える」と考えるのが自然ですから、「ち」が濁った『ぢ』を用いたくなります。実際、1946（昭和21）年までの旧仮名遣い（歴史的仮名遣い）では『ぢ』を使って「ぢもと（地元）」「ぢめん（地面）」「ぢしん（地震）」と書いていました。そういう意味で、旧友の疑問と主張はもっともなことだと思います。

そもそも、これらのルールは分かりづらいものです。「ちぢむ（縮む）」、「つづみ（鼓）」などが、「同音の連呼によって生じた」ものだと簡単に判別できるでしょうか？「はなぢ（鼻血）」や「みかづき（三日月）」が「二語の連合によって生じた」ものであるのは、容易に理解できます。では、同じように「世界中」も「世界」＋「中」かと思ったら、「現代語の意識では一般に二語に分解しにくいもの」の例とされ、椅子から転げ落ちそうになるくらい驚いてしまいます。このような書き分けルールに、多くの日本人（あるいは日本語を学ぶ外国人）は、簡単に納得できているのでしょうか？　ましてや小学生には難しすぎるでしょう。

このように、理解困難なのが官製「仮名遣い」なのです。……仕方ない、秀才諸君は丸暗記すべ

し⁉

ところでまったくの余談ですが、「ぢ」と「づ」は前記のように(1)「同音の連呼」か(2)「二語の連合」でしか発生し得ないわけですから、単語の先頭に書かれることはないはずです。念のために国語辞典を見てみたら、やはり、「ぢ」や「づ」から始まる言葉は、一語も載っていませんでした。

その話をいつもの居酒屋で友人たちにしたところ、そのうちの一人が「そんなはずはない。少なくとも1語だけは『ぢ』から始まる単語を知っている。それは、♪痔にはボラギノールの『ぢ』である」と言います。それを聞いた私は「アッ！　そうだった。でも辞書にはなかったゾ？」と思い、調べてみたら分かりました。

「痔」の読みがなは「じ」です。「ぢ」と書かれた看板やCM（ヒサヤ大黒堂・本社は大阪）を見た記憶から、読みがなは「ぢ」だと思い込みやすいのですが、「ぢ」はヒサヤ大黒堂の歴史的仮名遣いによる登録商標です。ボラギノール（天藤製薬・販売は武田薬品）やプリザエース（大正製薬）などの他社は、すべて漢字の「痔」だけの表記になっています。

第26講　理科「オゾン・イオン」

世の中では「化学用語」が案外と普通に使われているものです。その聞きなれた化学用語も、よく考えると正確に理解していないと思われるものが多々あります。さらに、それに「健康や美容に良い」という一言が付くと、人は幻惑し、ついには学校で習った化学の基礎知識をも揺らいでしまうようです。

その代表例が、「オゾン」と「マイナスイオン」です。

【オゾン】

「森の空気中には健康に良いオゾンがたっぷりです。さあ皆さん、大きく深呼吸してオゾンを胸いっぱい吸いましょう！」

これは、私が通っていた小学校のハイキングで、目的地のキャンプ場に着いた時の、教頭先生の言葉です。確かに、シットリとした緑の木々に囲まれた中で深呼吸するのは、清々しいものです。

当時、森林の中でオゾンを吸うことが「素晴らしいこと」となっていて、先生が言うような言葉が流行っていました。いや、現在でも時々耳にすることがあります。

オゾン（分子式：O_3）は、酸素（分子式：O_2）の仲間（正式には同素体といいます）です。酸素（分子）が二つの酸素原子からできているのに対し、オゾンは三つの酸素原子で構成されています。酸素「なるほど、オゾンは普通の酸素よりも酸素成分がいっぱい詰まっている。だから体に良いわけだ。きっと、救急患者の酸素吸入に使うと効率的だろう」

そう理解していたのは、高校生の時の私だけではないようです。しかし、これは大間違い。それどころか、オゾンは猛毒です。

空気中の酸素は、紫外線が当たったり放電を受けたりした場合に、化学反応（酸素原子一つを取り込む）を起こしてオゾンへと変化します。地表のはるか上空の成層圏にオゾン層があるのは、酸素が太陽からの強い紫外線を受けるためです。このオゾン層が有害な紫外線を吸収し、地球上の人間など生物を保護しています。近年、人間のつくり出したフロンなどによってオゾン層が破壊されているのは、ご存知のとおりです。地表近くでも紫外線が強い海岸や山岳などで多く発生します。

オゾンは微かな青色で、生臭い刺激臭を持つ気体です。紫外線から地上の生物を守ってくれているのですが、一方で、強い酸化力を持っているために、高い濃度のものを吸うと呼吸器系の体内組織が爛れて破壊されてしまうという、大変危険な性質を持っています。ただし、この強い酸化作用を利用して、食品や水道水の殺菌浄化・消臭をするのに使われています。

オゾンの酸化力が強いのは、化学的に不安定なオゾンが一つの酸素原子を放出して、安定した酸素分子になろうとするためで、放出された酸素原子がほかの物質と結合することによって、その物質の酸化が進みます。

日差しが厳しい夏の日に、光化学スモッグ注意報が発令されることがあります。光化学スモッグの原因は、大気中の「光化学オキシダント」と呼ばれる酸化性物質です。光化学オキシダントは、工場や自動車からの排出ガスに含まれる窒素酸化物（NOx）や炭化水素などが、太陽の紫外線によって化学反応を起こして生成されます。その光化学オキシダントの主成分がオゾンで、光化学スモッグによって目や咽喉などが痛くなるのは、このためです。また、光化学オキシダントは人間などの動物だけではなく植物に対しても毒性が高く、木が枯れてしまうために起こる森林の衰退や、農作物への被害をもたらしています。このように、オゾンは大気汚染物質の一要素でもあるわけです。もっとも、普通の状態の森林では、危険なほど高い濃度のオゾンは存在しませんので、過度の心配は必要ないようです。

ちなみに、英語で酸素は「oxygen」、過酸化水素水（オキシドール）が「oxydol」、オキシダントは「oxidant」です。「oxy」は酸素に関連するものにくっ付く接頭語です。これを知っておくと、光化学スモッグの「オキシダント」が有害であるのは強い酸化作用があること、さらに、ニュースで耳にする「オキシダント濃度が基準値を超え、注意報が……」という化学用語を含む報道の意味も分かりやすくなります。

さて、以上のようなオゾンの正体が分かってしまうと、森林浴で、「さあ、オゾンを胸いっぱい吸いましょう！」と言われても、困ってしまいます。しかし、それでも森の中での深呼吸が、木々の香りを伴って清々しく感じられるのはなぜでしょう？

最近の研究結果によると、森林の香りはオゾンではなく、樹木が発する「フィトンチッド」と呼ばれる揮発性物質だそうです。フィトンチッドには消臭・殺菌・抗菌作用があり、これが人に精神的なリフレッシュ効果をもたらしているとのことです。

【イオン】

10年くらい前から、世の中には「健康や美容に良い」を謳い文句にした「マイナスイオン商品」なるものが山のように販売されています。

代表的なのがマイナスイオン水。そして、マイナスイオンを発生させる機能がついたエアコン、肌着、マスク、布団、空気清浄機、さらにはイオン発生機というズバリそのものの機器。また、イオンコート（イオンを発生・付着させる）機能がある洗濯機、ドライヤー、カーワックスなど、2003年の国民生活センターの調査では、全国で121品目の商品が製造されているそうです。

このように世の中に満ち溢れているイオン（あるいはマイナスイオン）商品ですが、その効能と原理の関係について、一般消費者は理解できているのかというと、少々怪しいものがあります。「イオンって、何なのか説明できる？」と、日頃からイオンコート機能付きヘヤードライヤーを愛用しているという知人に聞いてみても、「健康や美容に良いもの」という、あまり合理的とは思えない回答が返ってきました。

国民生活センターには、消費者からよせられるマイナスイオンに関連する相談が多く、同センターの調査の結果、「身体などへの効果を謳うものの因果関係は検証しないまま、製造していることも伺える等の問題がある。事業者は、マイナスイオンの効果を謳うのであれば、検証をしてその情報を消費者にわかりやすく提供する。また、マイナスイオンの発生量を表示するのであれば、表示する数値の根拠も含めてその情報を消費者にわかりやすく提供する等のことが必要である」（同センターホームページ）という見解を出していて、慎重な言い回しながら、効能などにやや懐疑的な姿勢がうかがえます。さらに2012年11月には、消費者庁が、「イオンがアレルギー物質などを分解・

除去すると表示した製品には、こうした性能はなく、景品表示法違反に当たる」として措置命令を出しています。

一方、大手電器メーカー・シャープによると、イオンは「浮遊する菌やカビ表面の細胞膜のタンパク質等を分解・除去して除菌、浮遊ウイルスの作用を抑え、タバコのニオイ成分を分解・除去して脱臭（同社ホームページから抜粋）」する効果があるとしており、健康によく、心地よい環境づくりに役立つことを強調しています。

さて、私には「（マイナス）イオン効果」の真偽について述べる学術的・技術的能力もないのでこの件は横に置きますが、これほどまでに話題となっている「イオン」とは、そもそも何なのでしょう？

昔、学校で習ったはずですが、情けないほど頭に残っていないものです。わが友人たちも半数以上が、即座には明快な回答を出せませんでした。

物質を成している最小単位である原子は、プラス（＋）の電気を帯びた原子核と、マイナス（－）に帯電した電子から成り立っていて、普段はプラスとマイナスがつり合った状態になっています。酸素の場合であれば、酸素は8個の電子を持つ原子ですから、電子に8個分のマイナス、原子核に

8個分のプラス電気を帯びています。

それが、何かのキッカケで電子のいくつかが失われたり、逆にほかから電子を取り込んだりすることがあります。すると原子核側の電気の量は変わりませんから、双方の電気バランスが崩れてしまいます。このようなアンバランスな状態になった原子が「イオン」です。

また、電子を失ってプラスの電気が強くなったイオンを「陽イオン」、反対に外から電子を取り込んでマイナスの電気が強くなったイオンを「陰イオン」と呼んでいます。

自然界の中でイオンは珍しいものではなく、身近な物質で言うと、普通の水（H_2O）の中にも水の分子から分解した水素イオン（H^+）と水酸化イオン（OH^-）が含まれていることが多いですし、塩化ナトリウム（NaCl：食塩のことです）は、陽イオンであるナトリウムイオン（Na^+）と、陰イオンである塩化イオン（Cl^-）が合わさってできています。

ここで気になるのが「陰イオン」という用語です。これは「陰イオン」であって「マイナスイオン」とは呼びません。「マイナスイオン」という語は化学の学術的な用語ではなく、どうやら昨今の「商品文化用語」であるようです。

では、「陰イオン」を「マイナスイオン」と呼び換えると、なぜ健康によくなるのか？……、不思議です。

第27講　音楽「オーケストラ」

「オーケストラに指揮者がいなかったら、音楽は演奏できないのか？」
「オーケストラの団員（演奏者）たちは、常に指揮者（指揮棒）を見つめているのか？」

これは私の友人たちから、しばしば訊ねられる質問です。私が学生時代に大学オーケストラで（間違いなく、日本一下手クソな）オーボエ主席奏者をしていたので、それを知っている彼らは、ちょうどよい質問相手として訊ねてくるわけです。

オーケストラは人類がつくり出した最も高度で大規模な「音楽発生装置」です。また、オーケストラ曲（特に交響曲）は、最高の演奏技術を要する、最も複雑で重厚な音楽作品です。

小中学校の音楽の授業では、音楽鑑賞でオーケストラ曲を聴き、楽器の種類や特徴について学びますが、その内容は極めて簡単で、オーケストラの演奏の実態や指揮者については、ほとんど習いません。楽器の演奏については、学校の授業でハーモニカやリコーダーを吹くので、ある程度は理解できますが、本物のオーケストラとは大きく異なります。また指揮といえば、学校の音楽の授業で接するのは合唱コンクールの指揮者くらいのものです。
オーケストラの内部については、実際にオーケストラで演奏した経験を持つ人しか分からないのは当たり前で、生徒たちは、(その後、大人になっても) オーケストラや指揮者について実感として分からないのが一般的です。

「オーケストラの指揮者は、何のために棒を振っているのか?」……、このような疑問は大昔からあり、こんな話が残っています。

日本人が初めてオーケストラの音楽を聴いたのは岩倉使節団で、1872 (明治5) 年のことでした。全権大使の岩倉具視のほか、木戸孝允 (桂小五郎)、大久保利通ら総勢100余人の使節団は、太平洋を渡りアメリカへ、さらに大西洋を横断して欧州各国を歴訪しました。その途中、アメリカ東海岸にあるボストンで、アメリカ側からコンサートの招待を受けます。聴いた曲目はベートーベン「レオノーレ序曲第3番」やワーグナー「タンホイザー序曲」などだったようです。
この使節団の一員に、元佐賀藩士で後に帝国大学の歴史学教授となった久米邦武という人がいて、欧米視察の見聞録『米欧回覧実記』を残しています。その彼がボストンでのコンサートの感想の一つとして、次のようなことを述べています。

「舞台の真中で、常に踊るように棒を振っているあの男は何者か？」

舞台の真中で棒を振っている指揮者を、現在の人でさえ「何のために棒を振っているのか？」と思うのですから、初めて西洋音楽に接した当時の使節団員なら、なおさらでしょう。

さて、「オーケストラに指揮者がいなかったら、音楽は演奏できないのか？」

これについての（私の）答えは「指揮者がいなくても演奏できる」です。

演奏会での指揮者の役割は、かなり乱暴に言うと、演奏者に曲の演奏開始と終了のタイミングを示すくらいのものです。これくらいなら、コンサートマスター（第一バイオリンの首席奏者）が指揮者に代わって合図すれば、なんとかなります。指揮者は必ずしも必要ではありません。

それなら、なぜ指揮者がいるのでしょうか？

指揮者の最大の仕事は、舞台の上での指揮ではなく、演奏する音楽の演出にあります。この点では映画監督と同じです。その演出を具現する場は、主に練習室です。

楽曲は、解釈とそれに基づく演奏方法で表現が異なります。例えば、ベートーベンの交響曲第5番「運命」の冒頭に、有名な四つの音の連打がありますが、あれを「ダダダダ～ン」と弾くのか、「ダ・ダ・ダ・ダ～ン」とやるのかで、まったく曲の色彩が変わります。前者だと快活な感じや緊迫感を醸し出す効果があります。後者であれば重々しさや深刻な雰囲気が表現されます。

出だしの四つの音だけでさえこれだけ違うのですから、曲のテンポ（速度）、音の強弱、それらの変化の度合い、各楽器の音量バランスなど、長い曲の中での表現方法は多岐・多彩です。

さらに、フォルテ（音を強く出す）だけでも、打ち付けるように音を強く出す（例えば、チャイコフスキーやマーラーの交響曲にあるような）場合もあれば、音の頭は強いけれど後は力を抜く上品なフォルテ（スフォルツァンドに近い。モーツァルトの曲などに多用）もあります。ほかに、音の一つひとつを区切るように出すのか、あるいは滑らかに続くように出すのかなど、楽譜に書かれていない微妙な違いの演出もあります。

比較的分かりやすいのがテンポですが、テンポの違いは演奏時間に現れやすく、ベートーベンの交響曲第9番「合唱」の場合ですと、最初から最後まで演奏するのに、テンポの速い指揮者は63分程度、ゆっくりなテンポで有名だった巨匠フルトベングラーでは74分もかかります。

指揮者は、このような表現の違いを、どのように組み合わせていくのかを考えて、それを演奏者の集団であるオーケストラに伝えて実行します。またその前に、その曲の音楽史の上での位置付けや、作曲家の思想・時代背景なども考慮に入れ、楽譜を丹念に研究します。さらに、その曲に最適となるステージの上の楽器群（パート）の配置や、練習計画を決めていく作業も、指揮者の仕事です。

練習では、前述のような演奏上の表現を指揮者が指示し、楽団員たちはそれを覚えていきます。各人の楽譜に指揮者の指示を鉛筆で書き込んでいくこともあり、演奏会前には、書き込んだ文字や記号で楽譜はギッシリ、といった状態になります。楽譜は、指揮者用のものはすべての楽器・パートの音が記された「総譜」を、演奏する団員は自分の楽器・パートだけが書かれた「パート譜」を用います。

したがって本番の演奏会では、団員が練習の時の記憶やパート譜に書かれた指示に忠実に弾いていけば、指揮者はいなくても、その指揮者が目指した音楽は演奏されることになります。そう考えると、ステージ上の指揮者は、ただ「常に踊るように棒を振っている男」と言えなくもありません。

ここで気になるのが、2番目の質問でもあった「オーケストラの団員たちは、常に指揮者（指揮棒）を見つめているのか？」という、友人たちの疑問です。

この答えは「時々しか見ていない」です。

時々というのは、自分が楽器を奏で始める時や、長く伸ばした音を終わる時など、タイミングを計るような場合です。オーケストラでは、すべての楽器が常に音を出しているわけではなく、楽譜には休符（お休み記号）が多いのです。特に管楽器には休符が多く、何分間も、曲によっては一楽章の間にまったく出番がないことがあります。比較的演奏している時間の長いバイオリンを中心とする弦楽器でも、常時弾いている曲はほとんどありません。曲の途中から合流するように入っていく場合には、指揮者の動きを見ることが多いのです。それ以外の（各自の）演奏している時は、当然ながら譜面を見ています。休符が長く続くような場合には、指揮者も楽譜も見ずにボーっとしていることもあり、頭の中では「この演奏会が終わったら、どこに飲みに行こうか」とか「今日の夕食の献立は何にしようかしら」などと考えている可能性は充分にあります。

演奏会の本番。オーケストラの団員たちがステージの自席に着席すると、間もなくオーボエの主席奏者がAの音（ハ長調のラの音）を長く響かせます。この音はコンサートマスター（バイオリン）が引き取り、さらにオーケストラ全体に広がっていきます。これがオーケストラ音合わせの風景です。

オーボエの主席奏者は440ヘルツ（または442ヘルツ）の周波数の音叉（おんさ）を持っており、これを膝に打ち付けてから耳に当て、音を聞きながら自分のオーボエで同じ音程の音を出します。この440（442）ヘルツの音が「Aの音」です。

音合わせが終わると、会場からの拍手とともに指揮者が登場します。すぐに指揮台の上に立ち、指揮棒が振り下ろされて演奏が開始されます。これは指揮者やオーケストラにとって、これまで積み重ねてきた練習の総決算の開始でもあります。ステージ上の「指揮者の踊り」は、演奏進行のタイミングやテンポを表示しながら、手振り身振りによって練習で示してきた演奏方法を楽団員たちに思い出させ、指揮者自信が思い描く音楽を表現していきます。前述のように「指揮者がいなくても演奏できる」のですが、演奏現場に指揮者がいたほうが、一層確実に「芸術家としての指揮者」の意図を演出できるのです。そういう意味で、指揮者は楽器を持たない演奏者と言うこともできます。ファッションショーの最後にデザイナーが出てきて観衆に挨拶することがありますが、指揮者が指揮台に立つ意味もあれに似ていて、「この曲は私がデザインしました」とアピールする場でもあるのです。

余談ですが、指揮者というのは意外に危険な職業です。代表的なものは、狭い指揮台の上で「踊る」ために発生する転落事故で、ステージの下（つまり客席）まで落下した指揮者は数多くいるようです。20世紀の巨匠の一人であるオットー・クレンペラーもそうで、彼は後頭部や背中を強打して骨折しました。このため、最近の指揮台には後側に転落防止の手すりが付けられています。

指揮棒も危険です。指揮棒で反対側の手を刺したり、感情を込めて振り回していたら自分で自分のほっぺたを突き刺したりと、自動車でいうと「自損事故」みたいなものですが、なかなか恐ろしい凶器となります。

そのほか、やや前かがみの姿勢で腕を激しく振り続けるために起こる、頚椎の損傷や腰痛などがあり、プロ野球の監督と並んで「やってみたい職業」の代表格とされる指揮者も、そんなに楽な仕事ではないようです。

第28講　卒業式「旗と紋章」

何年も前のことです。知人からこんな質問を受けました。

「海上自衛隊のどの船も、朝日新聞のマークを付けているのは何故ですか?」

一瞬、何のことかと思いましたが、すぐに「なるほど」と思い当りました。そういえば、海上自衛隊の艦船に翻る旭日旗（軍艦旗）は、朝日新聞の社旗と似ていないこともないです。質問の主は、双方の区別がついていないというよりも、そもそも「旭日旗」というものが分かっていないようでした。

しばしば卒業式の時に問題となるのが「日の丸」「君が代」です。その是非はともかくとして、日の丸・君が代については、文部科学省の学習指導要領で
「我が国や諸外国には国旗と国歌があることや、我が国の国旗・国歌の意義を理解するとともに尊重し、諸外国の国旗と国歌も同様に尊重する態度を育てるよう配慮すること」
とされ、小学校の高学年の授業で取り扱われます。国旗など自分の国を代表して表象するもの（シ

ンボル）について教えるのは至極当然なことですし、外国の国旗・国歌に敬意を払うのも、国際平和の基本だと思います。

ちなみに、外国の国旗への尊重に関しては、わが国の刑法に定めがあり、第92条にこう書いてあります。

刑法第92条（外国国章損壊等）
外国に対して侮辱を加える目的で、その国の国旗その他の国章を損壊し、除去し、又は汚損した者は、2年以下の懲役又は20万円以下の罰金に処する。

ところで、国を代表するシンボルは国旗だけではなく、ほかにもいくつかあります。日本でもそうで、日頃から見ていることが多いのに、それと気づかないままでいることがあります。その結果の珍現象の一つが、先に述べた「旭日旗と朝日新聞の旗の混同」です。もちろん軍艦旗は国旗ではありませんし、学校の授業でも習いません。しかし、国際的に認められた日本を表象する旗の一つです。自国の象徴をその国民が知らないというのは珍妙です。

国や地域、団体などを一定の形で表すものとして、旗と紋章があります。学校に校旗と校章があるのと同じです。「国としての日本」の場合には何があるのか、改めて確認してみます。

【日の丸】

「日章旗」ともいいます。「日出づる国」をモチーフとしています。日章の「章」の字は、①くぎり（文章や音楽の一区切り）、②明らか、③しるし・旗・模様、という意味を持つ漢字です。この場合は「日章」＝太陽を象った印（しるし）という意味になります。

日の丸の歴史は古く、遅くとも平安時代末期の源平の頃にはデザインとしてあったようです。安土桃山時代には、為政者から海外渡航の許しを得た船「御朱印船」が、日の丸を掲げていました。

日の丸が対外的に通用する日本の国旗として定められたのは、外国からの圧力が高まってきた幕末の頃。日本の船が掲げる識別旗として、薩摩の藩主・島津斉彬（しまづなりあきら）が幕府に建言して、日の丸を採用させたとされています。１８６０（安政７・万延元）年に日米修好通商条約の批准書をアメリカに届けるため、幕府によって派遣された使節団が乗った船・咸臨丸（艦長は勝海舟）の船尾にも日の丸が掲揚されています。

このようにして、明治維新後も日の丸が日本国旗とされ、国際的にも慣習法として定着していきましたが、正式に法律で定められることは久しくなく、ようやく法制化（国旗及び国歌に関する法律）されたのは、１９９９（平成11）年。長い歴史の中で、ほんの最近のことです。

【旭日旗】

「きょくじつき」と読みます。旗中央の日の丸から日の光が放射状に出ている朝日をデザイン化したものです。「日章旗」の字を「日照旗」だと勘違いして、さらに光り輝く旭日旗のことを「にっしょうき」だと思い込んでいる人がいますが、もちろん間違いです。

旭日旗は1870(明治3)年に「陸軍御國旗」として採用され、1889(明治22)年には海軍の軍艦旗としても制定されました。現在も、陸上自衛隊の連隊旗や海上自衛隊の軍艦旗として使用されています。なお、軍艦旗は「海洋法に関する国際連合条約」の第29条(軍艦の定義)において、「軍艦とは、一の国の軍隊に属する船舶であって、当該国の国籍を有するそのような船舶であることを示す外部標識を掲げ、……以下略……」と定められています。つまり、各国が旗の意匠を定め、その軍艦に必ず掲揚することとされているのです。また軍艦は、その存在が国家主権の延長上にあると考えられるため、外交や国際法上の地位が一般の船舶とは異なります。この意味から、軍艦旗は国旗に準じた取り扱いとなっています。

このように旭日紋様は軍艦などの旗として使われてきたために、軍隊のイメージが強いのですが、もともとは、祝い事の日などに、日の丸とともに掲げられていた旗(幟)などの紋様で、民間の文

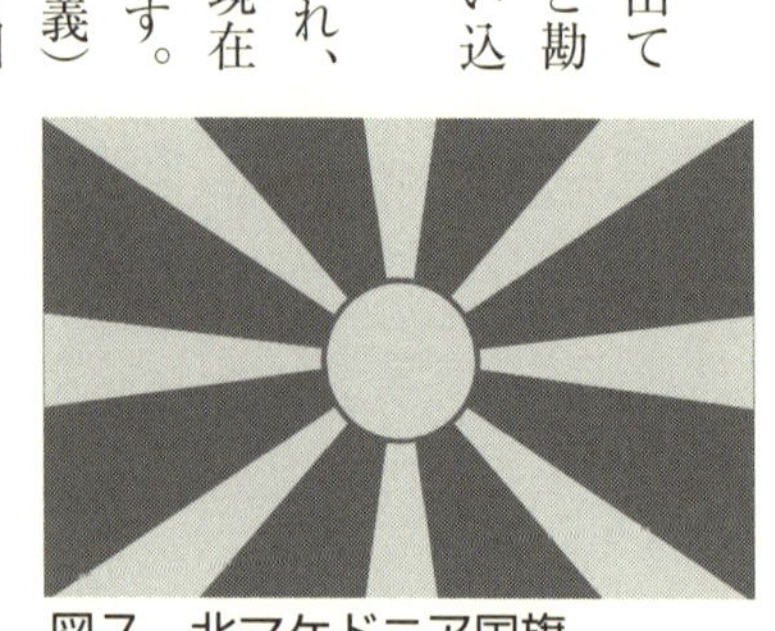

図7　北マケドニア国旗

化として定着していたものです。確かに、日の丸よりも一段と賑やかで「ハレ」な感じがします。まさしく「日本晴れ！」の雰囲気です。めでたく縁起の良い印であることから、民間で使われることも多く、今でも漁船の大漁旗で使われるほか、企業のロゴでも朝日新聞や昔のアサヒビールのマーク（１９８６（昭和61）年まで）などに見られます。また、外国では北マケドニア（旧ユーゴスラビアの一つ）国旗も旭日旗（オレンジ色と黄色）の一種です。なお、旗ではありませんが、五角形の警察のマーク「警察紋章」も旭日をかたどったものです。

【五七の桐】

日本の総理大臣や内閣官房長官が記者会見する時の演台に、青い楕円形の中に描かれたマークがあります。「五七の桐（ごしちのきり）」と呼ばれる紋章で、５００円硬貨の表のデザインにもなっています。

五七の桐は、桐の葉と花を基にデザイン化された家紋の一つです。桐はゴマノハグサ科の高木落葉樹で、和ダンスなどの高級家具や琴、下駄の材料として使われます。古来より中国では、平和な世に出現する瑞鳥「鳳凰」が巣をつくる木だとされて、神聖視されてきました。

桐の家紋にはいくつかの種類があり、そのうち、三枚の桐の葉の上に直立した小枝（花序）に付く花の数が、中央に七つ、左右に五つずつのものを「五七の桐」、中央に五つ、左右に三つずつのものを「五三（ごさん）の桐」と呼んでいます。

本来、「五七の桐」紋は天皇家の紋です。天皇家の紋というと「菊の紋（菊花紋）」が頭に浮かびますが、菊の紋は定紋（本紋、正紋などともいいます）、あるいは「地位としての天皇」の紋章です。家紋には（主に旧家では）「正・副」二種類の紋があり（さらに多くの紋を持っている家もあります）、定紋は「正」の紋。これに対して「副」は、替紋（副紋、裏紋などともいいます）と呼ばれ、「五七の桐」は天皇家の替紋です。

「五七の桐」の紋様は、８世紀末の嵯峨天皇の頃から使われているようです。中世以降に武家が権力を持つようになってからは、足利尊氏（あしかがたかうじ）や豊臣秀吉など事実上の為政者が、天皇から賜る形で、「五七の桐」を家紋としていきます。当時、臣下が紋章を拝領することは大きな名誉でした。やがてこれが「政権の紋章」の意味を含むようになり、明治以降も政府の公式な紋章として随所に使われてきました。

図８　五七の桐

現在、日本の国章制定についての正式な法律はありませんが、以上のような経緯と慣行から、菊の紋は「天皇」と「日本国」を象徴するものとして、五七の桐紋は行政機関としての「日本国政府」を表する国章として使われています。五七の桐紋は菊の紋に準じた国章という位置にあるといえます。

この関係は、パスポートのデザインを見ると分かりやすいです。表紙の中央に正紋である「菊の紋」が描かれ、中の顔写真を貼付するページには、外務大臣印と副紋としての「五七の桐」が印刷されています。

テレビの海外ニュースを見ていると、外国の国章を目にすることがあります。例えば、アメリカ大統領が演説している演台には「白頭鷲」、中国の全人代会場のステージ奥には「五つの星と天安門」、イギリスのバッキンガム宮殿の門には「ライオンとユニコーン」など。各国の国章には、その国の歴史や自然・文化・思想・宗教などがうかがわれ、眺めてみると興味深いものがあります。

さて、このように国旗や紋章を調べてみると、卒業式の「日の丸・君が代」問題について、別の角度から見えてくるものがあるように思われます。

「戦争をするのは人の集合体である国であり、国の方針で戦闘をするのが軍隊である。旗が戦争をするのではない。悲惨な戦争をもたらすのは、人の醜い欲と無理解である」

私はこのように考えるのですが、いかがでしょうか？

《参考文献・資料》

『文明論之概略』福沢諭吉　松沢弘陽　校注（岩波文庫）
『ペリー艦隊大航海記』大江志乃夫（朝日文庫）
『日本語「ぢ」と「じ」の謎』土屋秀宇（光文社知恵の森文庫）
『感動する！数学』桜井進（PHP文庫）
『音楽の歴史』ベルナール・シャンピニュール（白水社）
『むすんでひらいて考』海老沢敏（岩波書店）
『話のネタ・雑学の本』（冬幻社）
『図解雑学・金属の科学』徳田昌則、山田勝利、片桐望（ナツメ社）
『街道をゆく・肥薩、陸奥の道』ほか　司馬遼太郎（朝日文庫）
『新幹線車窓の発見！』高崎康史（彩図社）
『日本史B』（実教出版）
『詳説日本史B』（山川出版）
『世界史B』（東京書籍）
『世界史B』（三省堂）
『化学Ⅱ』（東京書籍）
『新詳日本史図説』（浜島書店）
『新国語要覧』（大修館書店）
『岩波国語辞典』
『三省堂漢和辞典』
『小学館漢和辞典』
『講談社英和辞典』

《参考サイト》

文部科学省　外務省　農林水産省　環境省　宮内庁　消費者庁　気象庁　参議院法制局　内閣府　首相官邸　国民生活

センター　全国の都道府県庁　国立天文台
東京大学農学部　九州大学医学部　北海道
大学大学院造林学研究室　鹿児島大学教育学
部　全国社会福祉協議会　日本海事広報協
会　日本フォークダンス連盟　カンコー学
生服（尾崎商事）　学習院　福岡女学院
平安女学院　野口英世記念館　日本かばん
協会ランドセル工業会　スタジオジブリ
Benesse　朝日新聞デジタル　伊藤園
株式会社クラレ　竹中工務店　シャープ
パナソニック　Wikipedia

《取材協力》

国立国語研究所　研究情報資料センター
尾崎商事（カンコー学生服）開発本部マーケティ
ング室
日本かばん協会ランドセル工業会　事務局
市川市教育委員会
朝日新聞ＡＳＡ中山
多数の友人たち

高﨑 康史（たかさき やすし）
1953年福岡県生まれ。佐賀大学経済学部卒業後、大和証券入社。同社本店債券部課長、東京短資執行役員などを経て、2015年に定年退職。会社員時代から執筆活動を続け、千葉県の朝日新聞ＡＳＡが発行するミニコミ紙に、大賀経佐（おおがつねすけ）のペンネームで12年にわたり記事を毎月連載。地域交通問題を検討するＮＰＯの理事も務める。
著書に『東京マネーマーケット』『新・東京マネーマーケット』（共著・有斐閣）、『新幹線車窓の発見！』（彩図社）がある。

仰げば尊し、和菓子のON？
ああ、勘違い……。

2019年6月28日 第1刷発行

著　者	高﨑 康史
発行者	千葉 弘志
発行所	株式会社ベストブック 〒106-0041 東京都港区麻布台3-4-11 麻布エスビル3階 03（3583）9762（代表） 〒106-0041 東京都港区麻布台3-1-5 日ノ樹ビル5階 03（3585）4459（販売部） http://www.bestbookweb.com
印刷・製本	中央精版印刷株式会社
装　丁	株式会社クリエイティブ・コンセプト

ISBN978-4-8314-0233-2 C0030